新規事業着工力を高める

内田有希昌
ボストン コンサルティング グループ
日本共同代表

東洋経済新報社

まえがき

日本企業は新規事業が下手なのか

広く影響力を持っている「すごい企業」はどこか、と問われると、ＧＡＦＡあるいはＧＡＦＡＭの中から候補企業を選ぶビジネスパーソンは多いだろう。多少のアップダウンはあるが、ＧＡＦＡＭは、グローバル時価総額のベスト10の常連企業だし、常に陰りを指摘する声もあるが、私たちの日常生活、産業界における影響力は群を抜いている。ほとんどのユーザーは、アップルのiPhoneやAndroidベースのスマホをさわらない日はないだろうし、ネットで検索しない日もほぼないだろう。

その影響力、すごさの前に「なぜ日本では、こういうすごい企業が出ないのか」と問われると、自嘲的な答えを返してしまうことも少なくない。「米国は世界のタレントが集まってきわめて創造的だが、我が国は……」とか、「米国の天井感のない自由さが人の発想を豊かにするが、日本は……」、「米国は最初からグローバルスケールで考えるが、私たちは……」などである。

ただ、自嘲癖を横において少し冷静に考えてみると、米国よりも先に２０００年代初頭にモバイルインターネットを立ち上げ、世界の先頭に立っていたのは日本だったことを、私たちは忘れてしまっていないだろうか。アップルやグーグルが、その日本の状況、企業を研究し、模倣し、進化させ、モバイルインターネットのエコシステムを構築してきたことを忘れてしまっていないだろうか。要は、今の「すごい企業」の発想の原点には、日本があったとも言える。

一方で、仮にこのことを思い出しても、そのようなクリエイティブなものは、スタートアップや特殊な企業の仕事であると考える人も少なくないかもしれない。一般の日本企業にとっては、グローバルレベルで社会を変革するような新しいことを手がけるのは、近年はなかなか難しいのだ、と。さらには、日本企業は新規事業が得意ではないのかもしれないといった声さえ聞こえてきそうである。

こちらもちょっと冷静に考えてみたい。これらの偉業をやり遂げていたのは、日本の携帯電話会社、極端な言い方をすると、最も大企業的な組織での新規事業ではなかっただろうか。要は、典型的な日本企業が、今の世界を凌駕するような事業の源になるものを新規事業として立ち上げてきた。こう考えると、日本の企業は新規事業が苦手であるとは言えないだろう。

実際に振り返ってみると、世の中にきわめて大きなインパクトを与えてきた日本企業の新規事業が身の回りにあふれている。前述したモバイルインターネットは、もともとは通話にフォーカスしていた携帯通信会社の新事業が発展したものだし、その携帯電話自体も、冷静に思い出すと、固定電話に軸を置いた通信会社の新規事業が発展していったものだ。街で目につくコンビニエンスストアも、もともとはイトーヨーカ堂の新規事業だったセブン-イレブンが元祖で、その成功をベースにいろいろな企業が新規事業として参入し、それぞれ特徴を出しながら切磋琢磨した結果、消費者は今の便利さを享受している。そこで便利に使っているキャッシュレス決済も、ソニーの非接触カード、ＪＲ東日本のSuica、ＮＴＴドコモのおサイフケータイなど、企業の新規事業が影響し合って発展してきた。

こう見ると、多くの日本企業が、すばらしい新規事業を数多く立ち上げ、世の中を支えてきた。跋扈するグローバル企業や勢いのあるスタートアップに臆することなく、日本企業は、対抗し得る新規事業をやれるポテンシャルがあると言ってよいのではないか。

新規事業への挑戦、着工が減っていることが問題？

しかしながら、このところ、グローバル企業やアジア企業の元気さ、活発さに比べて、あるいはスタートアップの勢いに比べて、企業の新規事業の取り組みに勢いを感じられない。この見方が正しいかどうかはわからないが、仮に正しいとすると、何がそうさせているのか。

いろいろな理由があると思うが、私は、新規事業の「着工回数」が減っていることが大きな原因と考えている。野球にたとえれば、打席に十分に立てていないためにヒットの総数が減り、結果ホームランも減り、十分な得点を取れていないのではないか。打率も落ちている可能性があるが、打席の減少の影響の方が大きいように思える。

要は、企業の中で新規事業企画・推進チームがマネジメントから「やってみなはれ」という単語を十分に引き出せていないし、マネジメントも「やってみなはれ」と言い切っていないのではないか。その背景には、企業の、組織としての「新規事業着工力」が上がっていない、もしくは、下がっていることがあるように思う。また着工できたとしても、着工までのプロセスの巧拙によって、その後の打率を下げてしまっているようにも思える。

そのような問題意識から、より多くの打席に立つ、すなわち新規事業への挑戦の回数を増やすために、どうしたら「新規事業の着工力」を上げることができるか、を中心テーマに据えて、日本企業の新規事業の成功事例数を増やすためのヒントを本書で提示したい。新規事業に関しては、多くの方々がそれぞれの視点や想いから、様々なポイントに力点を置きながら、なるほどと思うことを世の中に発信している。本書では「新規事業着工力」に力点を置いて、新規事業を論じてみたい。

本書の想定読者と構成

新規事業は誰の仕事かと考えると、「事業企画・推進チーム＝ＧＯをもらう人」に目が行きがちだが、新規事業を着工し、それを成功させるためには、「マネジメント＝ＧＯを出す人」の存在も大きく、その二者のアスピレーション（志）、力量、努力が、成功を左右する。よって本書では、「やってみなはれ」という言葉を引き出そうとする事業企画・推進担当の方々、「やってみなはれ」と言い切るマネジメントの方々の双方を読者と想定している。ある部分は事業企画・推進担当の方向けを強く意識し、また、ある部分はマネジメントの方を強く意識して執筆しているが、双方の読者に、お互いがやらなければならないことを含めて全体像を把握し、組織としての「着工力」を強めてもらうことを企図している。

そのような読者の方々向けに、本書は3部構成で、新規事業着工力を上げるヒントを提示したいと考えている。

まず、ＰＡＲＴⅠで、「新規事業とは何か」という基本的なところの再確認から始めて、新規事業の全体像を鳥瞰する。「新規事業」という単語はかなり手垢がついていて、人によって想起するイメージにバラツキが大きく、理解のレベルにも開きがある。そのような状況では、新規事業着工の意思決定ができない、あるいは意思決定に時間がかかるし、仮に新規事業に着工すると決めても成功確率を十分高められない。そのため1丁目1番地として、「新規事業とは何か」を掘り下げ、その定義、特性、難しさ、落とし穴、意義などについての読者の皆様の理解を整理していきたい。加えて、新規事業に関しての取り組みのプロセス全体を俯瞰し、新規事業の全体像の輪郭を明確にする。

その後、ＰＡＲＴⅡでは、本書で特に重要性を強調したい、新規事業全体プロセスの最初のパートである「新規事業に着工する」というステージについて掘り下げていく。ここでは、このステージで何をすべきなのか、どのような定石やベストプラクティスがあるのか、を追っていきながら「新規事業着工力」を高め、より多くの新規事業を適切にスタートできるようになるためのコツ、留意点やヒントを提供したい。

最後に、ＰＡＲＴ Ⅲで、「新規事業に着工する」というステージから、今一度、新規事業全体プロセスに視点を戻しつつ、日本企業が新規事業で成功するための肝、留意点を確認していく。そのような押さえるべきツボを意識しておくことは、新規事業の成功確率を高めることにつながるとともに、着工ステージでの適切なアクションにもつながる、すなわち、より一層「着工力を高める」ことになるだろう。

前述したように、本書は、マネジメントの方々、新規事業企画・推進を担当されている方々、双方を対象に執筆しており、お互いにやるべきことを理解してもらうべく、全編に目を通していただきたい。しかしながら、ＰＡＲＴ Ⅱは、新規事業企画・推進を担当されている方々を強く意識しているパートのため、マネジメントの方々は、その中の「フェーズ１：方針設定」、「フェーズ５：意思決定」を中心に選択的に目を通していただく形でもエッセンスは得られるだろう。

今後は、アフターコロナ時代における再成長に向けて、新規事業の重要性がますます高まるだろう。その成否が企業の成功、存続に直結していくため、出発点である「新規事業着工力」を高めておくことは一層重要になっていく。本書が、より多くの「やってみなはれ」を引き出し、あるいは言い切ることに少しでも貢献することを期待しながら、議論を展開していきたい。

『新規事業着工力を高める』　目次

3 新規事業は、なぜうまくいかないのか …… 56

PART II

「着工ステージ」各フェーズの定石、留意点を押さえる

5

フェーズ5：意思決定

PART Ⅲ

新規事業成功に向けての要諦を押さえる

組織・体制についての要諦　188

人材についての要諦　196

PART I

新規事業の全体像を確認する

本書では、新規事業に「着工する」ことにフォーカスをあてていくが、その準備作業として、このパートでは新規事業の全体像を再確認していく。新規事業については、多くの方が直接、間接に関わっているため、それぞれ一家言ある。であるが故に、「新規事業」という単語は、かなり多様な使われ方をしていて、イメージするもの、理解のレベルにバラツキが大きい。一方で、新規事業を適切に始めるには、新規事業に関しての正しい理解と共通認識が必須であり、そこが不十分なために、適切に新規事業に着工できないことも多い。こうした問題を乗り越えるために、議論を始めるにあたって新規事業の定義から探索プロセスの全体像までを俯瞰し、理解を再確認してほしい。

このパートは、新規事業探索の基礎部分にあたるので、マネジメントの方々、事業企画・推進をリードする方々、双方に目を通していただきたい。

1

新規事業とは何か

「新規事業とは何か」をしっかりと理解し、共通認識を持つことが出発点

「より本格的に、新規事業に取り組む！」とトップから号令がかかり、検討チームが張り切って準備した事業構想を役員に持っていく。すると、

「いきなりそんなに距離感のある事業へのチャレンジは厳しいのではないか。まずは、既存のお客様に、X社がやっている事業を焼き直して提供するような、手堅いことからス

タートすべきだろう」

と指摘され、やや出鼻を挫かれてしまうことがある。

気を取り直して、手堅い路線に軌道修正し、社長との議論に臨むと、

「今回は、そういう手堅いものを目指しているのではない。かつてのイトーヨーカ堂がコンビニを始めたような、次世代の柱になる、大胆なものを求めている。もっと大きく構えてほしい」

と正反対の反応が出たりする。

社長、役員、新規事業検討チームと、人によって「新規事業」に対してのイメージや認識が異なっていることから、このようなやりとりが結構な頻度で起こってしまう。

この手の新規事業へのイメージ、認識のバラツキは、様々なバージョンがある。例えば、新しさや革新性について、ある役員は、

「そういうどこかで見たことがあるようなものではなく、世の中があっと驚くような、イノベーティブなものを目指すのが新規事業だ」

と想いを表明する一方で、社長が、

「世の中にとって新規である必要はなく、我が社にとって新規かが重要だ。いたずらに新

しさを求めるのではなく、我が社にとって新しい儲けの源泉を創るのが新規事業だ」

と、より実践的な持論を主張する場合もある。

人材に関しても、検討チームが

「今回は、新しいチャレンジなので、外部人材を中心に行こうと考えております」

と報告すると、トップから

「もちろん、事業の成功が重要だが、今回は、うちの人材が新規事業を通じてより大きくなることが最大の目的だ。極論すると、事業が大成功しなくてもよい。目的をちゃんと理解してくれ」

というような反応が出たりする。

これらのやりとりは、どれかが間違っているというよりも、新規事業には、種類、タイプに幅があるため、人によって、思い浮かべる、あるいは目指すべき、新規事業の像が異なっていることを示しており、そのことが関係者間のコミュニケーションや議論を難しくしてしまう。また、新規事業については、認識のバラツキに加えて多くの誤解や理解不足があり、それがコミュニケーションや議論をさらに難しくしてしまう。

例えば、新規事業の難易度は高く、百発百中とは程遠いにもかかわらず、「しっかり準備をして、十分な資源を投入すれば、高い確率でやり遂げられる」と考えがちなマネジメントも多い。また、時間軸についても、新規事業は結果が出るまで時間がかかり、腰を据えてやっていくべきものであるが、「2年も経っているのに、まだ黒字にならないのか」というような声が上がったりする。自社のエース人材が必ずしも新規事業においては最適な人材ではないにもかかわらず、「うちのエース社員を投入すれば、しっかり成果を出してくれるはずだ」と期待してしまうことも多い。さらに、既存事業部門に新規事業を担当させない方がよいというのは通説であるが、「百戦錬磨のA部門なら、きっと良い新規事業を創ってくれるだろう」と考えがちだ。

このように「新規事業とは何か」については、関係者間で認識のバラツキがあるだけでなく、様々な理解不足、誤解が存在する。そのような状態だと、マネジメント、検討チームともに、コミュニケーションにおいてストレスが溜まるだけでなく、そもそも新規事業を始められなかったり、道中で正しい議論や判断ができなかったりして、成功確率を下げてしまうことになる。極論すると、新規事業の最大の障壁の一つが、関係者間の認識のバラツキ、理解不足や誤解の存在と言ってもよいだろう。したがって新規事業で成功するため、あるいはその大前提として新規事業を正しく着工するためには、新規事業について、定義、タイプ、特性、何を得られるのかなど基本的な部分を正しく理解し、関係者間でしっかりとした共通認識を持つことが出発点になる。ついては、まず「新規事業とは何か」を念頭に、その定義、タイプなどについて、再確認するところから議論を始めたい。

新規事業をどう定義するか

新規事業の定義については、新規事業の、どの特徴、どの特性を強調するかによって、様々なものが存在する。例えば、最もシンプルな類いは、「既存事業でない新しい事業」、「新しく展開する事業」というもの。一見正しそうだが、既存事業ではない、ということしか言っていないので、定義としては不十分である。一方で「新しいビジネスモデルをつくること」とか、「イノベーションによって新たなビジネス機会を見いだすこと」のような、より手触り感のある表現もよく使われているが、やや新規事業の一面を強調しすぎ、新規事業としての要件を絞りすぎている面があり、範囲が狭くなっている。例えば、全く新しいビジネスモデルを編み出さなくても、新規事業はできるし、必ずしもイノベーティブなアイデアに基づかなくても、自社にとっての新しいビジネス機会を見いだすことができる。

広すぎず、狭すぎずという観点から、様々な定義の中で最も広く受け入れられている定義は、

「既存の事業にはない新しい要素が含まれている、既存事業からは距離のある事業」

というところだろうか。

しかしながら、定義について認識がある程度一致していても、人それぞれの新規事業に対してイメージするものの幅は広い。もう一段細かいレベルでずれがあり、それぞれが、違った種類、タイプの新規事業をイメージしているからだ。例えば、ある人にとって新規事業はどこからどう見ても革新的なビジネスに見えるものを意味しているかもしれないし、ある人は既存ビジネスの延長線上にあるものでも何らかの新しい要素があれば新規ビジネスであると考えるかもしれない。では、新規事業にはどのような種類・タイプがあるのだろうか。

新規事業の基本的なタイプ分け：出発点の3分類

一般に何かを種類・タイプに分けるときには、分類にあたっての軸が存在する。よって、どのような軸が存在するのかを確認すれば、新規事業の分類方法が見えてくる。

図表I-1-1　ベーシックな新規事業の分類

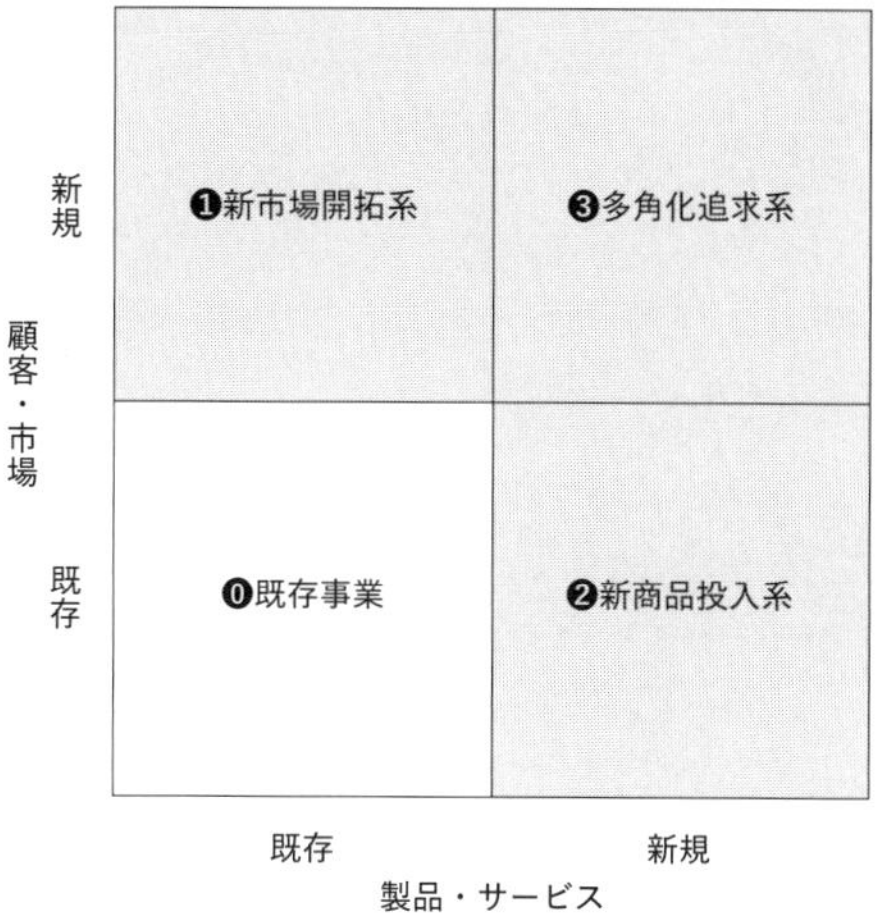

もっともわかりやすい軸は、定義にも関連するが、既存事業からの「距離」である。古典的だが今でもよく利用される、アンゾフのマトリクスというフレームワークでは、「距離」をベースに新規事業を分類している。この枠組みでは、事業そのものを「顧客・市場」と「製品・サービス」という2つの要素に絞って、それぞれの要素において既存事業からどれくらい距離があるかという観点から、4象限で事業を整理する（図表I-1-1）。

起点となるのは、顧客・市場、製品・サービスの両方が既存、既知である、図表I-1-1における⓪既存事業である。その既存事業との距離感から、新規事業を大きく3つのタイプに分類する。

①新市場開拓系

既存事業からの近さを感じやすいのは、①の「新市場開拓系」の新規事業になる。ここは、今の製品・サービスを、新たな顧客・市場に展開させるというものであり、自然な事業の拡大となる。例えば、既存製品を海外の特定のマーケットに展開するなどの取り組みである。人によっては、これは新規事業ではなく、既存事業の範囲内と思えるかもしれない。しかし、同じ製品・サービスでも、新たな顧客・市場、すなわち異質の市場に進出する場合には、全く同じ製品・サービスで参入するのではなく、新しい顧客・市場向けに製品・サービスをカスタマイズする、価格や売り方を変えるなど、一工夫が必要である。逆に、既存事業を単に面的に拡大すればよいというスタンス感ではうまくいかないことが多く、新しい事業と考えるような発想が必要である。

「新市場開拓系」の他の例としては、従来対象としなかったロングテールセグメントへの事業展開や自社でカバーできていないセグメント向けに、そのセグメントに顧客を保有している企業の裏方に回りながら間接的にサービスを提供するＢ２Ｂ２Ｃモデルでの事業展開などが挙げられる。

②新商品投入系

次に既存事業からの距離感に近さを感じやすいのは、②の「新商品投入系」新規事業である。これは、①新市場開拓系とは対照的に、既に対象としている顧客・市場に対して、新しい製品・サービスを投入していく新規事業である。例えば、アマゾンが既存顧客に対して、次々に新しいサービスを提供していった例がわかりやすいだろう。アマゾンは当初は「書店」だったが本以外のものも売り出し「総合小売業」になり、さらに製品を超えて音楽や映像などを配信する「コンテンツ事業者」へとビジネスを拡大していった。このように、既存ビジネスを通じた顧客・市場についての理解を前提に、顧客接点や既存チャネル、ブランディング、信用力などのアセット、アドバンテージを活かして、新しいビジネスを展開するのが②新商品投入系新規事業である。

この場合に、既存の顧客・市場に対して提供する新しい製品・サービスは、必ずしも世の中に全く存在しないようなイノベーティブなものである必要はない。他の企業が提供しているもの、あるいは、極端に言えば模倣でもかまわない。例えば、アマゾンが提供する映像配信サービスのプライム・ビデオは、世の中で第一号の映像配信サービスではなく、それ以前からネットフリックスを始めとして多くの配信サービスが存在しており、ある意味フォロワーと言える。しかしながら、単に真似をしているものではなく、値付け方法やデータを利用したカスタマイズなど新しさを付加しており、他競合サービスとは差別化された新規事業になっている。新商品投入系新事業は純粋に真似に徹したものもあるが、何らかの一工夫をしているものが実際には多い。

③多角化追求系

一方で、最も既存事業から距離がある新規事業は、③の「多角化追求系」新規事業である。これは企業にとって顧客・市場、製品・サービスともに新規であり、未知の領域にチャレンジする新規事業である。例えば、もともとバイクメーカーから出発した本田技研工業が、その後、自動車事業に進出し、昨今では小型ビジネスジェット機事業に参入したことは、顧客・市場、製品・サービスともに新規である領域にチャレンジする「多角化追求系」の典型例と言える。

このタイプは、今まで見てきた、①新市場開拓系、②新商品投入系新規事業と違って既存のアセットを活かしにくく、足掛かりが乏しい、新規事業になる。そのため企業にとっては、①新市場開拓系、②新商品投入系に比べて、チャレンジ、リスクが大きいビジネスになる。ただ、この領域においても、全く世の中に存在しない新しい製品・サービスを世に問うという、きわめてイノベーティブなものから、自社にとっては新規であっても世の中に既に存在する事業に進出する場合も含まれるので、幅は広い。

より発展させたタイプ分け：3分類に「進化vs.飛躍」の軸を入れる

このように、まずは新規事業をベーシックな3つのタイプに分類してみると、一概に新規事業といっても、異なるものを指していることを自覚できるので、社内の議論をしやすくなる。例えば、難易度に関しては、

③多角化追求系＞①新市場開拓系、②新商品投入系

であるので、「我が社は、まだ①新市場開拓系、②新商品投入系を十分にやりきれていないため当面、③多角化追求系のようなチャレンジは難しいので、やめよう」、「①新市場開拓系、②新商品投入系は相応にやってきたので、③のようなものにチャレンジしたい」などの議論ができるようになる。

また、社長がなんらかの意図から既存の顧客基盤に対しての②新商品投入系ビジネスを指向しているのに、現場として①新市場開拓系や③多角化追求系に力を入れてしまうようなことは、初期段階での意識合わせにより、防ぐことができるだろう。

とはいえ、３タイプの整理では、社内議論でもまだすり合わないことがある。例えば、②新商品投入系新規事業というところにおいても、他の企業がやっているものを真似するレベルから、それらを焼き直してやや進化させたものを提供するレベル、さらに全く世の中にない新しい製品・サービスを提供するレベルまで幅がある。要は、製品・サービスが自社にとって新規であるといっても、その新規性の度合いによって、性質はかなりバラツキがある。これは顧客・市場についても同様で、既存の顧客・市場からの遠さによって難易度も異なり、より細かく分けた方が意識合わせしやすくなる。

これらの考え方に沿って、３つの新規事業を少し細かく分類したものが、図表Ⅰ-１-２になる。要は、基本の3分類に既存事業からの距離感をさらに細分化して、やや新しさを持ち込んだ「進化系領域」、現状とはかなりジャンプ感がある「飛躍系領域」という2つのカテゴリーを重ね合わせたものになる。

例えば、②新商品投入系新規事業においては、他社がやっている、あるいは海外でやっているなどの先行事例があるような製品・サービスなどを真似して、あるいはやや進化させた形で導入する「進化系領域」がある一方で、世の中にないような斬新でイノベーティ

図表Ⅰ-1-2　「進化vs.飛躍」の軸を入れた分類

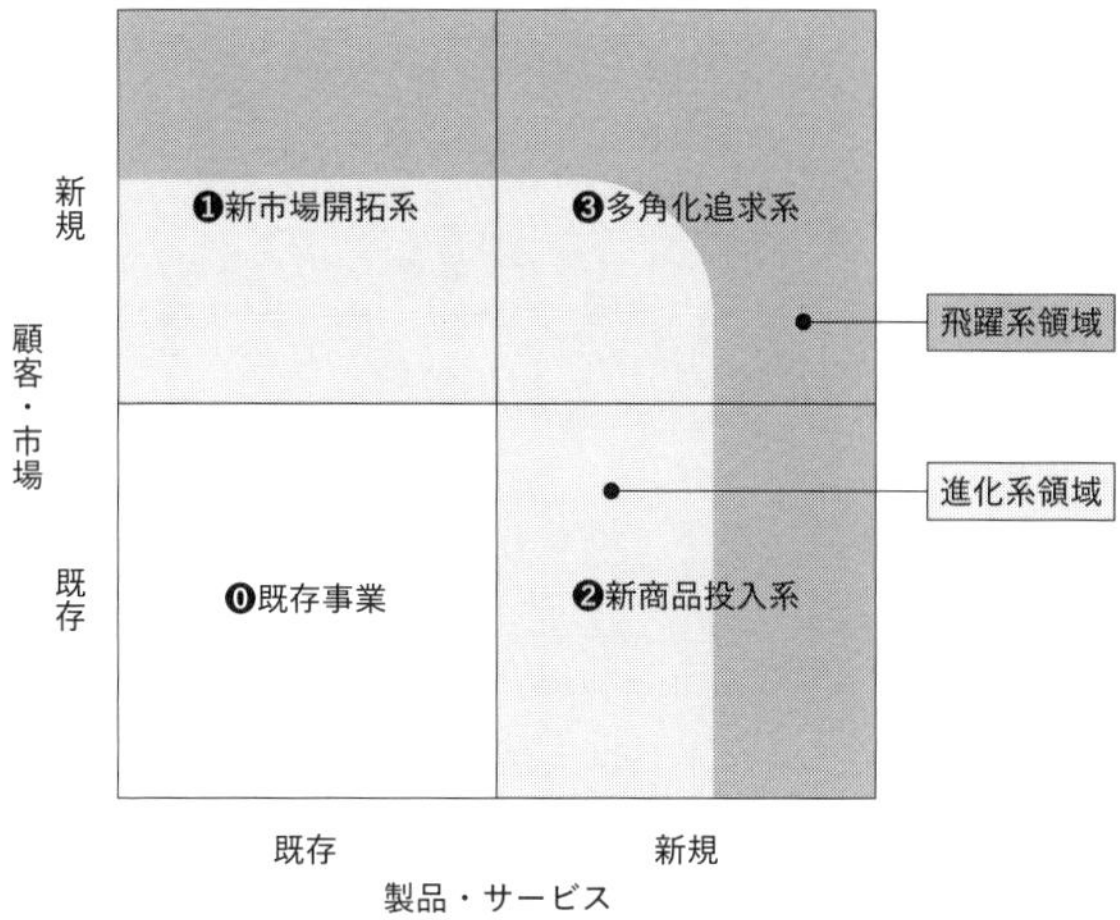

出所：ボストン コンサルティング グループ

ブなものを投入するような「飛躍系領域」が存在する。

　進化系領域は、前例もあるので資源投入量も抑えることができるし、ある程度リスクも読めるが、競合製品・サービスも存在するので、ローリスク・ローリターン、もしくはミドルリスク・ミドルリターンと言える。自社の顧客・市場をベースにしているので、レッドオーシャンとは言えないかもしれないが、ブルーオーシャンではない。

　一方で、飛躍系領域では、前例がないために状況によっては多くの資源投入が必要かもしれず、リスクが大きい可能性があるが、競合商品・

サービスがあまり存在しない、ハイリスク・ハイリターンのビジネスになり得る。進化系と異なり、うまくブルーオーシャン領域をつくれれば、大きなポテンシャルを得ることができる。

これくらいの分類で新規事業を見ると、どのようなタイプの事業を指しているのかをうまくコミュニケーションでき、適切な意思決定ができる。

さらに違った軸、視点からの分類

ベーシックな3類型、あるいはその発展形での整理は、既存事業からの距離感という観点から新規事業を分類するので理解しやすく、どのタイプのビジネスを指向するのか／しないのかの議論の基礎となるが、その他にもいくつか、新規事業をタイプ分けする軸や視点が存在する。

よく活用されるのは、ビジネスポテンシャルの大きさからのタイプ分けである。うまくいった場合に、最終的にどれくらいの大きさになるのか、ホームラン級のものなのか、シングルヒットくらいのものなのか、という視点からのタイプ分けだ。目指す新規事業の大きさに関して、関係者の意識がずれている場合も意外に多いため、意識合わせのために利用したい分類軸である。

また、時間軸も重要だ。事業化して果実を得られるまでかなりの時間がかかるのか、それほど時間を要しなくても成果が期待できるのか、という視点である。時間が重要なのは、早めに成果を得られるのかどうかという観点もあるが、必要な投入資源量の議論に直結するからである。自社としては、ここまで長期のものは養えない、今回はしっかりと資源投入してでも大きなものを狙う、などの議論をするためにも、時間軸でのタイプ分けは意識しておきたい。

さらに、既存事業への影響、リスクがあるかどうかもよく考えられる軸である。事業によっては、既存事業とシナジーが効きプラスの効果がポテンシャルに見込まれるものもあるが、逆にカニバリゼーションなどのマイナスの影響、リスクがあるものもあるので、重要な分類軸として頭に入れておきたい。

これら以外にも、事業の想定難易度で分類する、ビジネスモデルの革新性で分類する、など分類軸は多く存在する。また、それぞれの分類軸は相関性もあるが、必ずしも相関しない面もあるので、独立した軸くらいに考えた方がよい。例えば、ポテンシャルがホームラン系の事業は、前節で見た進化系領域よりも、飛躍系領域に多く存在するが、進化系領域にも存在することがある。そうなると、これらの軸を掛け合わせて、新規事業を様々に分類、タイプ分けしたくなるかもしれない。しかしながら、厳密に分類することは目的ではない。大切なことは、新規事業の種類、タイプはどんなものがあるのかを関係者間で正しく理解した上で、自社としてはこんなタイプのものを目標にしたい／こんなタイプは目指さないという議論をすることである。

例えば、「これから数年で狙う新規事業は、長期間の資源投入、高い難易度を覚悟し、多角化追求系×飛躍系領域で行う、次代の柱となる大きさの事業である」などの方向でのコンセンサスがあれば、現場が「新市場開拓系×進化系領域」あたりで、そこそこの大きさになりうる新規事業ばかりを目指して、マネジメントの意志と食い違ってしまうということは防げるだろう。

したがって、新規事業のタイプ分けにはどんなものがあるのかを理解した上で、自社なりのタイプ分けをしつつ、どんなタイプの新規事業を目指すのかという意識合わせをすることが肝要である。

「新商品・新サービス」「イノベーション」と新規事業との関係をどうとらえるか

新規事業の種類、タイプの全体像を確認すると、何が新規事業なのか、に関して、だいぶ頭がすっきりするが、新規事業の議論をするときに、もう一つやっかいな要素がある。それは、新規事業に近い、あるいは関連する概念・用語と、新規事業との関係である。それらと新規事業との関係が曖昧で、ときに的確なコミュニケーションを阻害し、議論がかみ合わなくなってしまうことがある。例えば、イノベーションと新規事業との関係などである。そこで、ここで関連概念・用語と新規事業との関係を少し整理し、「これが私たちにとっての新規事業だ」と言い切れるようにして、さらに頭をすっきりとさせたい。

まずは、「新商品・新サービス」と、「新規事業」との関係である。例えば、既存商品を既存事業部門が少しだけ改良して新商品として世に出したら、それは、新規事業なのか、既存事業なのか。これは、程度によるが、既存事業部門が既存の顧客・市場向けに、さほどのリスクをかけずに改良した商品・サービスを世に出すのであれば、既存事業と解釈するのが普通である。一方で、改良した商品・サービスでも、新規の顧客・市場向けに投入するのであれば新規事業と考えるべきだろう。また、明らかに新規性を持った新商品・新サービスであれば、これは既存事業の新商品というよりも、新規事業と解釈した方が適切だろう。要は、新商品・新サービスは新規事業とは近い概念ではあるが、すべての新商品・新サービスが新規事業にはあたらず、あるものは既存事業と考えられる。

次に新規事業と関連してくる概念は、イノベーションである。「新規事業＝イノベーション」という考え方もあるが、こちらも完全に同じとは考えにくい。そもそもイノベーションという単語自体がかなり多義的に使われている。経済学者のヨーゼフ・シュンペーターの定義を出発点として、様々な定義が存在しているが、最近では経済産業省がリードして取りまとめた『オープンイノベーション白書第三版』の中で次のように定義されている。

「開発などの活動を通じて、利用可能なリソースや価値を効果的に組み合わせることで、これまでにない、あるいは従来から大きく改善された製品・サービスなどの価値を創出・提供し、グローバルに生活様式あるいは産業構造に変化をもたらすこと」

この定義が最も一般的なのかどうかは別として、人それぞれにより多様な意味づけをしているのが実態とすると、実務的には、どの定義が正しいのかを掘り下げていくよりも、イノベーションと新規事業の関係のとらえ方にどんなバリエーションがあるのか、自分たちはどの流派を取るのか、がより重要になる。実際、イノベーションと新規事業との関係のとらえ方は、大雑把には二つに分類できる（図表Ⅰ－1－3）。

一つは、イノベーションを、「世の中で他の企業がやっていないような新しいものを創出すること」と狭くとらえるもので、図表Ⅰ－1－3の上図のグレーの領域がイノベーション領域と考えられる。新規事業のすべてがイノベーション領域にあるのではなく、イノベーションにまでは到達しないが当該企業にとって新しさがあるような新規事業が存在することになる。すなわち「新規事業領域＞イノベーション領域」ということになる。

一方で、イノベーションを、「その企業にとっては何らかの新規性がある、チャレンジングな取り組みである」と広めに解釈する場合もあり、図表Ⅰ－1－3の下図のグレーの領域がイノベーション領域と考えられる。すべての新規事業はイノベーション領域の中にあるというわけだ。

通常は前者の方が一般的だが、実際は、後者のような使われ方も少なくない。どちらが正しいかではなく、イノベーションという概念にはバラツキがあるという前提に立って、自社にとっては、イノベーションという単語にどんな意味、想いを込めて使うのかを関係者で確認して、議論がぶれないようにするのが現実的だ。

図表I-1-3　新規事業とイノベーションの関係

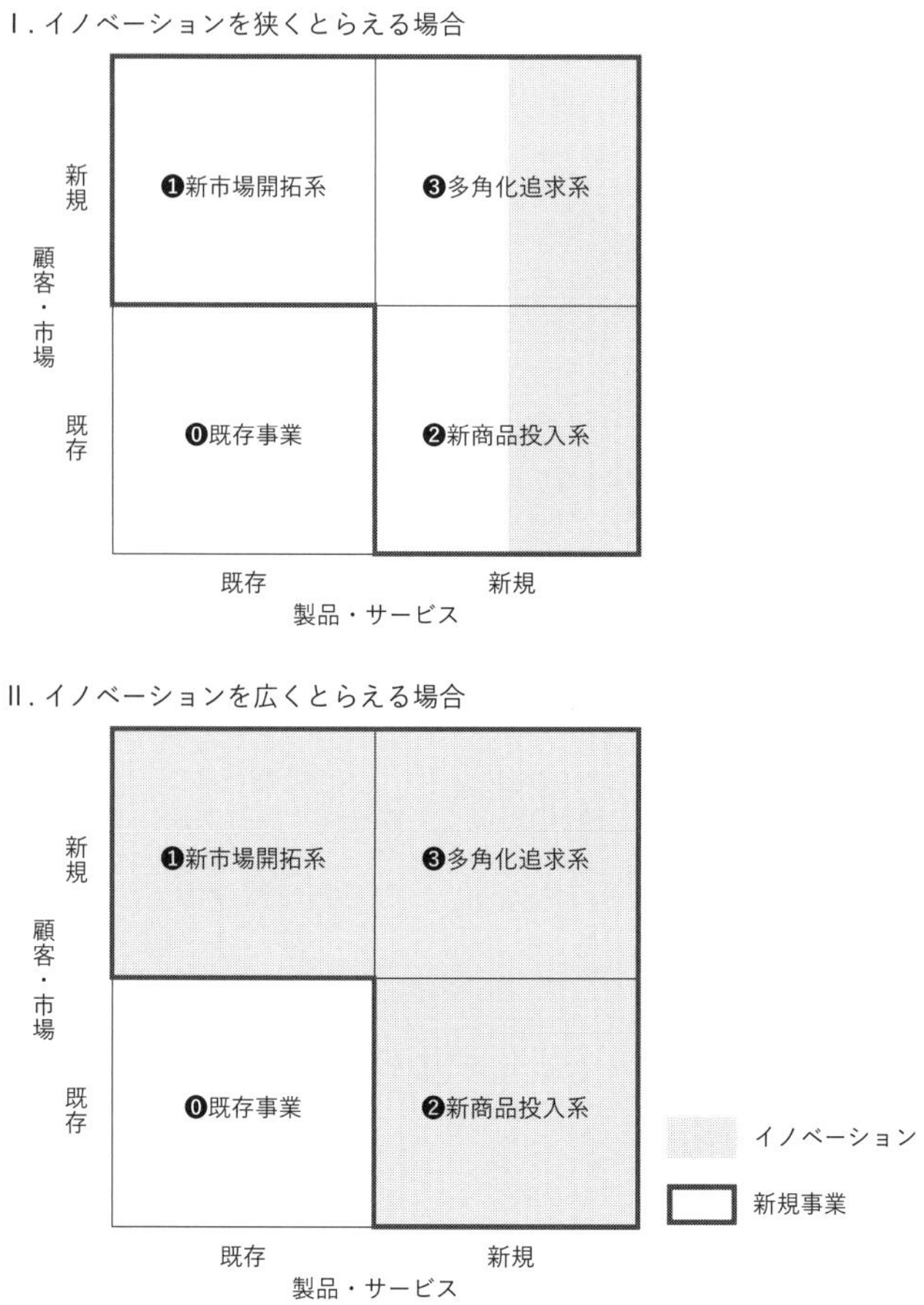

出所：ボストン コンサルティング グループ

本章では、新規事業とは何かを多面的に掘り下げてきたが、この部分をよく理解し、関係者の間で使う概念や用語に関して合意しておくことが重要だ。そうでないと、道中で議論が空転して、ストレスがかかってしまうので、面倒でも基盤として押さえておきたい。

2

新規事業には、どのような特徴、特性があるのか

前章で、新規事業の種類、タイプなどを確認したので、次に、新規事業にはどんな特徴や特性があるのかをあらためて確認してみたい。特徴、特性は、他のものとの違いを見ると浮き出てくるので、よく比較される既存事業、スタートアップとの違いを順に見て、新規事業の特徴、特性を明らかにしたい。

新規事業と既存事業との違い

出発点としての違いは、新規事業は、企業にとって未知の部分が多いということである。

前章での新規事業の種類別で見ると、「①新市場開拓系」新規事業においては、新しい顧客や市場を対象にするので、顧客や市場に関しての十分な情報はないだろうし、「②新商品投入系」においては、新商品・サービスの特性が未知になる。「③多角化追求系」に関しては、顧客・市場も、新商品・サービスの特性も未知になる。したがって、どの事業においても、程度の差はあれ、どうやったら成功するのかという成功の方程式がわからないところからスタートする。このような場合、仮説をつくり、実際に動いてみて、検証し、違っていたら、仮説を修正するという、仮説→検証のアプローチが必須になり、かなりの試行錯誤が前提になる。

次に、企業の市場でのポジションが全く違う。既存事業では、ポジションの違いはあるにしろ、プレゼンス、立脚点がある。しかしながら、新規事業においては、既に市場や類似市場があるとすれば、先によいポジションを持つ競争相手がいる中でのチャレンジャー、あるいはフォロワーとなる。今までに全く存在しない市場をつくる場合でも、既存事業での今までの実績を多少はテコにできるとしても、チャレンジャーと言ってよい。

また、既存事業と違って、新規事業では実行組織がないところからのスタートになる。

そのため事業戦略に専念することはできず、どのような組織、チームを組成していくかを常に考えていく必要がある。特に、具体的な人のところが肝で、新規の事業に求められる人材をゼロからそろえていく必要がある。これはきわめて大きなチャレンジで、ここに神経を取られて、事業戦略にマインドを十分割けなくなるという事態も頻繁に起こる。

さらに、人は重要ではあるが、必要資源の一部であり、人以外の資源も必要である。設備、技術要素、オペレーションの仕組み……。それらをどうそろえていくかも大きな課題で、既存事業において必要なアセットが基本はそろっているという状況とは大きく異なる。

これらの違いから、既存事業とは成功確率も大きく異なる。既存事業も勝ち負けはあるし、パフォーマンスの違いもある。しかしながら、新規事業の場合は、その成功確率は既存事業に比べればかなり低くなる。要は難易度が高い。ここは最も大きな違いの一つである。また、時間軸も相当に異なってくる。新規事業は、成功する場合でも通常、相応の年月を要する。これは既存事業が工夫によっては短期的な結果が日々出ているのとは大きく違う要素である。

新規事業にとってチャレンジになるところばかりを挙げてきたが、一方で、新規事業ならではのポジティブな点として、やめられる、必要に応じて大きく変えられる、という要素がある。既存事業は、状況が芳しくないとしても、多少なりとも収益を稼いでいたり、人を雇用していたり、そう簡単にはやめられないのが通常だ。また、大きくビジネスのやり方を変えていくのも難しい場合も多い。対照的に、新規事業は、それなりの議論や判断が必要であるが、既存事業に比べれば、やめるという選択肢は取りやすい。また、見込み違いだった場合、大きくビジネスのやり方を変えていくことも、相対的には平易と言える。

以上のように、新規事業と既存事業は、自社のビジネスであるという点は共通であるが、かなり性質が違う。シンプルに言えば、「持たざるもの」の「弱み」が多く、「持たざる」が故の「強み」も若干ある、相当に違った事業である。

新規事業とスタートアップ企業、起業との違い

次に、新規事業とスタートアップ企業の違いに着眼して、特性を考えてみたい。昨今、次のような議論も耳にする。「企業での新規事業に向けての取り組みは非常に困難であり、スタートアップの方が事業を創るという点では優れているのではないか。そうだとすれば、

下手に自社内で新規事業をやっていくよりも、よいスタートアップを買収した方がよいのではないか」というものだ。これは、領域や業種によって妥当な場合もあるが、それぞれの違いを認識することが、そのような議論への判断にもつながるので、違いを確認してみたい。

新規事業と既存事業の違いの中で、新規事業は、既存事業に比して、「持たざるもの」の「弱み」と「強み」があると述べた。新規事業とスタートアップを比較するとそれに類似した面があり、新規事業は、スタートアップ企業より「持つもの」としての「強み」がある反面、「弱み」が存在する。

具体的にアセットサイドから見ていくと、新規事業は、企業内の判断によっては社内におけるヒト・モノ・カネという資源を利用できる。企業のブランドやネットワークなど、無形のアセットも有力な資源となり得る。しかしながら、スタートアップ企業の多くは、スタート時点では、何もないところから始まる。まずは資源の調達に多くの労力を使わざるを得ない。創業メンバーはそろったとしても、事業の立ち上げに向けて追加的に人は必要だし、その雇用のみならず、もろもろに向けて資金が必要になってくる。ゼロから事業を立ち上げていくときには、資金の手当ては最初の大きな課題になる。

昨今はVC（ベンチャー・キャピタル）他がスタートアップに向けての投資にかなり積極的になり、かつてよりも資金の手当てが容易になりつつあるものの、やはり十分な実績やトラックレコードがない中での資金手当ては非常に大変である。

また、可能性の高いターゲット顧客や協力してもらいたい企業へのアクセスも、一筋縄ではいかない。聞いたことがない、信用力がないなどと相手にされないことも多い。これらの、持たざる状況と比べると、既存企業の新規事業は有利な状況にあると言える。

一方で、スタートアップの持たざる状況、既存事業に全く配慮しなくてよいという状況は、新規事業にはない強みももたらす。スタートアップは着眼している事業の成功のことだけを考えればよいので、既存事業への影響や、全社のビジョンとの整合性などを全く気にせず、あるべき形で事業をデザインしていくことができる。また、基本は小所帯で、創業メンバー中心にすばやい意思決定ができるし、事業の方向性を理解してもらうべきステークホルダーも少なく、方向転換も容易である。

対照的に、新規事業においては、独立した事業という前提ではありながらも、既存事業への影響を考えなくてはいけないことが多い。いちばん問題になるのは、新規事業の推進が既存事業とカニバリゼーションを起こしかねない場合である。そのような場合は、既存事業の担当部門が新規事業を邪魔することさえある。そこまでいかなくても、例えば、新規事業として採用したい技術や、組みたいアライアンスパートナーがいるとしても、企業内の他の部門で保有している技術を優先的に採用することを求められたり、企業として親しいプレーヤーとのアライアンスを求められたりする場合も少なくない。

また、意思決定についても、フラットな構造を作ったとしても、多くの場合、スタートアップよりもかなり遅くなってしまう。さらに、念のために情報を入れておく、理解を得ておくべき、という社内ステークホルダーも多く、社内への配慮によって事業推進のスピード感を阻害してしまいがちである。

持たざる者、持つ者という立ち位置の差から違いを見てきたが、その他の大きな違いの一つは、事業主体者のオーナーシップの強さである。言うまでもないが、スタートアップの創業メンバーは、その事業の成否にキャリアをかけているため、オーナーシップは並外れたものがある。勤務時間などという概念も薄く、極論すれば、24時間事業のことを考えている場合も少なくない。また、そのような創業メンバーを取り巻く初期メンバーも、雇われて働いているというよりも、立ち上げメンバーとして強いオーナーシップを持って頑張ることが多い。

一方、新規事業になると、自ら着想し、社内的に承認をとって事業を着工するという、まさしくアントレプレナーのような人を中心に組成されることもあるが、誰かしらに任命されたということの方が多い。その場合は、新規事業の重要性を胸に、きわめて真面目に取り組むとしても、スタートアップの創業メンバーのようなレベルまでオーナーシップを高めていくには、時間が必要な場合が多い。また、新規事業チームメンバーにとっては、社内で高い評価を受けられることが第一の優先事項で、事業の成功はそれに次ぐというメンタリティーもゼロではないだろう。そうなると、社内の評価基準が事業の成功とずれがある場合は、スタートアップの創業者とはかなり異なる動き方になってしまう可能性もある。

それ以外の違いとして、何が財務的な目標になるのかがある。新規事業では、基本は売り上げや利益がメインになることが多く、まずは収益的な貢献をすることが求められる。一方で、スタートアップの場合は、企業価値、将来的には時価総額をメインに置く場合が多い。利益と企業価値／時価総額には相関関係はあるものの、短期的な売り上げや利益よりも、高い企業価値につながる成長性に軸足がよる面もある。このような考え方の差から、企業における新規事業は、スタートアップに比べると、早い成果を求めがちになる。

このように見てくると、新しいビジネスを世に出していくためには、必ずしも新規事業とスタートアップのどちらが優れているのかというイチゼロの議論にはならず、それぞれが強みと弱みを抱えている。したがって、新規事業においては、強みをどう生かし、弱みをどうマネジメントしていくかが重要となる。

新規事業の「難易度の高さ」をどうとらえるか

新規事業の既存事業との比較、スタートアップとの比較から、新規事業の特性や特徴を見てきたが、新規事業の最大の特性は、難易度が高いことである。この部分は、総論としては広く理解されているものの、きわめて重要なポイントなので、なぜ難しいのか、どれくらい難しいのか、という重要な2つの点について確認しておきたい。

なぜ新規事業が難しいのか、については既に触れてきたが、シンプルにまとめると、①新規事業は未知の領域でのビジネスであり、②そこで対応していくのに必要な組織能力、土台が十分でないからと言える。たとえ未知であっても、対応できる力が十分であれば難しくはならないし、反対に対応できる力が十分でなくても、既知の領域ならどうにかなるだろう。この複合要素によって、新規事業は難しいものになってしまう。

どれくらい難しいかについては、理解に幅がある。新規事業の成功確率については、「センミツ」という表現をよく聞く。１０００の事業で３つくらいが成功するということで、確率に直すと、０・３％、すなわち１％よりも低くなり、きわめて難しい、めったに成功しないということになる。よく使われる言葉なので、経験則から正しいと思っている人も多いと思うが、この根拠を聞いたことはあまりない。何を分母にして、何を分子にした、どんな統計なのかは、誰も語っていないようなので、きわめて難しいというイメージに、言葉のゴロの良さから、広く使われていると考えた方がよさそうだ。

難しいとはいえ、０・３％の成功率と言われると、ほとんどすべてが失敗になるので、企業のマネジメントもそんなものはやらないということになってしまう。しかし、ほとんどの企業は、程度の差はあれ新規事業に挑んでいるし、成功例もあるということから、実際には「センミツ」というレベルではないだろう。新規事業が大成功するのはそれくらいだということであれば、理解できなくはない。

一方で、より楽観的な論者もいる。十分な検討と準備をして、見込みのあるものを厳選して着工していくならば、そのような事業は3～5割くらいの確度でそこそこのビジネスになり、そのうちのあるものは大きく成功すると想定する。周到な準備をしていけば成功確率は高まり、「センミツ」という感じではないという見方は妥当だが、世間相場からすれば、やや楽観的な見解であろう。

大切なことは、正確な難易度を言い当てたり測定したりすることよりも、既存ビジネスに比べるとかなり難易度が高いと理解しておくことである。

では、実際には、企業のマネジメントは、そのような難易度を適切にとらえているだろうか。新規事業は「センミツ」ととらえすぎて慎重になり、初期段階で厳しい質問を浴びせすぎるなどして、芽を摘み取ってしまうこともよくある。逆に、楽観的に考えすぎて、初期的な準備を十分にしないまま着工してしまったり、適切なリソースの投入や組織建てをしないまま進めてしまったりすると、立ち上がらなかったり、頓挫したりする。そうなると、逆に、失敗経験がトラウマになり、「羹《あつもの》に懲《こ》りて膾《なます》を吹く」という超保守的な態度になり、成長に必要な新規事業への挑戦ができなくなってしまうこともある。

したがって、大切なことは、新規事業は難しいということ、ただし、適切な努力をすれば成功確率は高められるということを、マネジメントが理解しておくことである。それがなければ、企業として新規事業に取り組むことはできないし、下手に取り組むべきでもない。

3

新規事業は、なぜうまくいかないのか

前章で、新規事業の特徴・特性、その中でも特に難しさについて論じた。その難しさと関連しているが、新規事業には、うまくいかなくなる原因、つまずきやすいポイントが存在する。これらにどううまく対応して成功確率を高めていくかについては本書で順次述べていく。

それに先立ってここでは、企業の新規事業探索において、特に注意したい、うまくいかなくなる原因、つまずきポイントを確認しておきたい。

［1］新規事業に関しての理解が不十分、あるいは関係者間で理解にずれがある

既に見てきたように、新規事業には様々な種類・タイプがあり、独特の特徴がある。そのため正しく理解するのが難しいが、正しく理解していないだけでなく、ある程度理解できていると思い込んでいるビジネスパーソンも多い。要は理解が正しくない割にその自覚がない場合も少なくない。

さらに、トップから現場までの関係者間で新規事業に関しての理解や認識がそろっておらず、同じ概念、単語でも異なるイメージを想起してしまう場合も少なくない。このような状態だと、新規事業に関しての適切なコミュニケーションや議論、正しい意思決定をするのは難しい。

また、これらは新規事業の取り組みのベースの部分になるので、他の失敗の真因にもなっており、インパクトの強いつまずきポイントである。

［2］新規事業に関しての目的、方針が曖昧である

新規事業で何を目指すのかを明確にするステップを飛ばしてしまって、「新規事業に注力せよ」という号令が下ることが少なくない。そのような状況だと、「どれくらいの大きさ、どれくらいチャレンジ感のある新規事業を、どれくらいの時間軸で、どれくらいのリソースをかけながら、進めていくのか」という指針が曖昧な中で、候補になる事業の玉やアイデアを出せ、と言われることになってしまう。

ゴールがよくわからずに走るようなイメージに近く、現場が上げる新規事業案がマネジメントのストライクゾーンにミートする確率は低くなる。

それでは、マネジメントのGOサインを出せる新規事業案にたどり着けなかったり、探索するまでに多大なエネルギーと時間がかかったりすることになる。そのような状況だと現場、マネジメントとも、毎回のコミュニケーションに不満が蓄積し、状況によっては不信感さえ芽生え、建設的な議論は成り立ちにくく、成功確率が減じてしまう。

［3］事業探索の定石的な進め方、プロセスについての理解が十分でない

新規事業はそもそも難易度が高いため、成功確率を上げていくには、新規事業開発の定石的な進め方、プロセスを、新規事業の企画・推進担当者はもちろん、マネジメント層も正しく理解しておくことが重要である。要は、適切な方法論、海図を理解しながら、ゴールを目指していく必要がある。

しかしながら、定石的な進め方、プロセスを十分に理解せずに、マネジメントからのプレッシャーを感じる中、性急な進め方をしてしまったり、自己流で事業を企画、推進してしまったりするケースも少なくない。

そうなると、重要な事業機会を見落としたり、目に入った事業アイデアのみを追求してしまったり、十二分な準備ができない状態でマネジメントと議論することになる。これでは適切な議論ができず、ビジネスプランの質も十分に高まらない。結果、事業の成功確率を高められなくなってしまう。

［4］新規事業推進を既存事業部門に担当させる

新規事業の企画、推進を誰に、どの組織に担わせるか、という論点は、新規事業の成否の最も重要なポイントだと言う論者も多い。単純化すると、新規事業の企画・推進を既存事業部門に任せるのがよいのか、より独立させてマネジメントの目の届く形で進めた方がよいのか、という論点である。

このポイントは重要だと思われている反面、十分な議論がなされずに進めてしまう場合も多い。どちらにも、よい点、悪い点が存在するし、状況によっても適切な解は異なるが、定石としては、独立させた部門に担わせるのがよい。しかしながら、多くの企業では既存事業部門に任せたくなる傾向がある。

なぜ、既存事業部門に、新規事業を任せないほうがよいのだろうか。一般に、既存事業部門は年度の収益目標を課されており、通常、それを達成することの優先度が高い。一方で、新規事業は、成果が出て収益貢献をするようになるまで、数年という時間軸で取り組む必要がある。

となると、既存事業の責任者からすると、新規事業はヒト・モノ・カネを食うばかりで、短期のビジネスパフォーマンスの観点からはマイナス要素をもたらす存在である。加えて、既存事業とのカニバリゼーションを起こすなどの、副次的なマイナス効果やリスクも及ぼしかねない。

また、新規事業の種を蒔いても、その成果で称賛されるのは自分ではない将来のマネジメントになると考えてしまう。たとえ、トップマネジメントから「新規事業に注力せよ」という号令が出たとしても、トータルの収益目標を日々モニタリングされるのであれば、渾身の力をこめて推進するのは難しくなる。

このような事情から、多くの既存事業部門は、相応の努力はするものの、全力でやるということにはならない場合が多い。したがって、独立した部門に新規事業を任せる方が成功確率は高くなると考えられている。

［5］投入リソースが少ない、適切なものではない

多くの企業では、リソースがふんだんにあって余っているという状況ではない。特に人的リソースについては、常に取り合いになっていることが多い。そのような状況では、新規事業の重要性は理解しながらも、人材を優先的に投入していくというところまで踏み込

んでいる企業は少なく、多くの企業では、質的、量的に十分な人をまわせていない。

一方で、かなり思い切って、質の高い人材を投入することもある。しかし、その意気込みはすばらしいが、よくあるのは、従来事業のものさしで測った「エース」を投入するという人事であり、その人材が必ずしも新規事業に向いているとは限らない。逆に、企業で十分に認められているエース人材は失点をしたくないと考える場合もあり、新規事業に配属されると手堅い方向での事業推進を指向し、本当に大きな機会を探索する大胆なものを目指さないかもしれない。

また、新規事業の推進に向けては、既存事業や既存の社内ルールは制約要因になることが多く、社内的に摩擦や対立が発生し、戦わないといけない局面が少なくない。そのような場合、やや行儀の悪い、荒武者のような人材であれば躊躇なく他部門やコーポレート部門と戦うだろうが、エースたる人材は将来のキャリアも横目で見ると、あまり喧嘩をしたがらない場合もある。

これはサラリーマンの論理からすれば理解できるもので、本人の責任というよりも人事システムの問題であろう。よって、エース投入という英断はすばらしいし、エースの力量が十分で大活躍することもあるが、冷静に新規事業に適切な人材を登用することが重要になる。

また、人材に限らず、その他のリソース、経営資源も新規事業では常に不足する傾向が強く、適切な資源投入に常に気を配っていく必要がある。

［6］サポート部隊、ＰＭＯを適切に機能させていない

新規事業を進めているそれぞれのチームは、チームだけでは解決しづらい大きな課題にあたることが多く、個別チームとは独立した、サポートする部隊やＰＭＯ（プロジェクトマネジメントオフィス）が種々サポートしていく体制が必要だ。そのような部隊を設置していない場合や、設置してもうまく機能させていない場合は、新事業チームが単独で大きな問題の解決に対峙していく必要があり、多大な時間を費やすことや、事業そのものを頓挫させてしまうことがある。

また、そのようなＰＭＯは、個別の新規事業の進捗に加えて、ポートフォリオとしての新規事業群がうまく進捗しているのかをモニタリングし、マネジメントが全体像を理解することをサポートする。

新規事業は、一発必中と考えるべきものではなく、多産多死のポートフォリオとして管

理すべきものである。このような役割が機能していないと、次第に、ポートフォリオとしての新規事業群はどう進んでいるのか、全体としてうまく進んでいるのかが見えなくなってしまう。マネジメントは、全体像がわからない中で個別の事業に関する意思決定や判断を迫られることになる。そうなると、個別事業へのテコ入れや救援が遅れたり、やめるべき事業をやめられなかったり、個々の事業に向けて適切でないアクションをしてしまい、成功確率を減じてしまう。

［7］撤退すべき状況で、撤退の決断ができない

新規事業の難易度は高いため、成功もあるが、想定どおりに進まないことや、失敗することも多い。したがって、計画段階におけるロードマップやマイルストーンを決めるプロセスの中で、合格基準、逆から言えば、撤退基準を定め、それに抵触した場合は速やかに撤退する規律を持つことも重要である。

撤退することは、傷口を大きくしないことが第一の目的であるが、それに加えて、新規事業に必要な希少なリソースをより望みのある領域に再配置して、他の新規事業の成功確率を上げることも目的の一つである。

　このような仕組みがないと、膠着した戦線に多くのリソースを配分し、新しい事業に資源投入できなくなってしまう。新規事業は多産多死という面もあるので、見切るべき時には早く見切って、数多くのチャレンジをすることが、最終的な成功につながる。

　ただし、単に、どんどんチャレンジし、どんどんやめるということだけでは不十分である。撤退した場合は、なぜ撤退に至ってしまったのかを十分振り返り、今後の新規事業展開への教訓を抽出することが大切である。新規事業をうまくやっている企業には、将来の成功確率を上げるためのメカニズムが存在している。すべての事業を成功させているわけではなく、失敗する事業もあるという前提で、早く見切りをつけつつも、失敗例から学びつくしているのである。

4

なぜ新規事業に取り組むのか。新規事業で何を得られるのか

前章まででで見てきたとおり、新規事業はそもそも難しく、うまくいかない理由や落とし穴も多く存在するため、成功確率は低い。そうだとすると、リソースの最適配分の観点からは、そのような難しいビジネスに手を出さずに、慣れ親しんだ既存ビジネスにフォーカスし、着実に結果を得る方が手堅い経営とも言える。

では、なぜ新規事業にチャレンジするべきなのだろうか。それは、たとえチャレンジやリスクが大きいとしても、新規事業ではそれ以上の多くのものを得られるからである。しかしながら、何を得られるのかは直感的に理解されているものの、必ずしも体系的には理解されていない感がある。そこで、ここでは2つのカテゴリー、①事業面、②経営基盤強

化面に分けて、得られることを整理してみたい。

新規事業は重要だという見方への異論はないと思うが、何を得られるのかをしっかりと理解し、どの要素を重視するかを意識していないと、新規事業の目的、ゴールの設定が曖昧になり、事業の成功確率を低下させてしまうので、得られることを再確認しておきたい。

事業面での目的、得られること

新規事業で得られること、目的やゴールとして、最も強調されるのは、事業面での貢献だが、こちらも、いくつかの種類がある。

①企業の持続的な成長を担保する

企業の既存事業は、ほとんどの場合、未来永劫、成長し続けることはできない。商品やサービスにはプロダクトライフサイクルがあり、既存事業は、導入期→成長期→成熟期→衰退期と推移していく。よって、今、好調とされている既存事業も、やがて成熟、衰退していくと考えた方がよく、既存事業の陰りを補うために新規事業を仕込んでおくことが、企業の持続的な成長のためには必須である。

特に昨今は、革新的な技術やビジネスモデルを掲げて挑戦してくるプレーヤーも多く、かつ経営環境が激変しているので、プロダクトライフサイクルの時間軸が縮小することや、突然衰退期が迫ってくることがある。企業は従来以上に新規事業の仕込みをしておかないと、持続的な成長を望めない。

以上は、ややリスクマネジメント的な視点での考え方だが、アップサイドから新規事業を考えると、革新的なビジネスモデルや技術を導入することにより、一挙に新しい事業を立ち上げ、成長を加速させることができる。世の中はビジネスの機会にあふれているとすれば、今の事業に専念するだけではなく、新たな事業へのチャレンジによって、さらなる成長を目指すことが重要だ。

②業態転換を図る

柱となっている本業が明らかに成熟段階に、もしくは衰退期の入り口にある場合、その事実を直視し、既存事業にしがみつくことなく、新規事業に挑んでいかないと、中長期的には企業は苦境に陥ってしまう。逆に、既存事業に頼れなくなることを見越して、次の大きな柱になるような新規事業を仕込んでいき、その中のものが大きく開花すると、新しい本業に立脚した企業に生まれ変わることができる。いわゆる業態転換である。

この代表的な例として広く挙げられるのは、富士フイルムであり、その逆の例とされるのがコダックである。デジタルカメラ以前は、両社とも銀塩カメラ向けフィルムを本業としていたが、富士フイルムはデジタルカメラの出現、浸透は本業に破壊的なダメージを与えるものであるという強い危機意識を持ち、果敢に新規事業に挑んでいった。その結果、自己のアセットを利用する形で、事務機器領域、ヘルスケア領域での新規事業を構築し、銀塩カメラ向けフィルムメーカーから、事務機器プレーヤー、ヘルスケアプレーヤーに転換した。一方で、コダックはその転換に失敗し、苦境に陥った。図表Ⅰ-4-1は両社の違いを如実に示している。

③事業の多角化により、経営の強靭性を強化する

しっかりとした既存事業が存在し、かつ当面は大きな崩れはない状況にあるとしても、市況や経営環境によっては、浮き沈みは避けられない。特に、昨今の地政学的リスク、脱炭素対応など経営環境を大きく変動させる要素がある状況では、ある事業が厳しい局面になっても、別の事業がそれを補うようなポートフォリオ的な事業構成を持つことが、企業全体としての経営の強靭性につながる。

昨今は、多角化やポートフォリオ経営に関しては慎重にすべきという声も強かったが、

図表 I-4-1　業態転換の成否の事例 富士フイルムvs.コダック

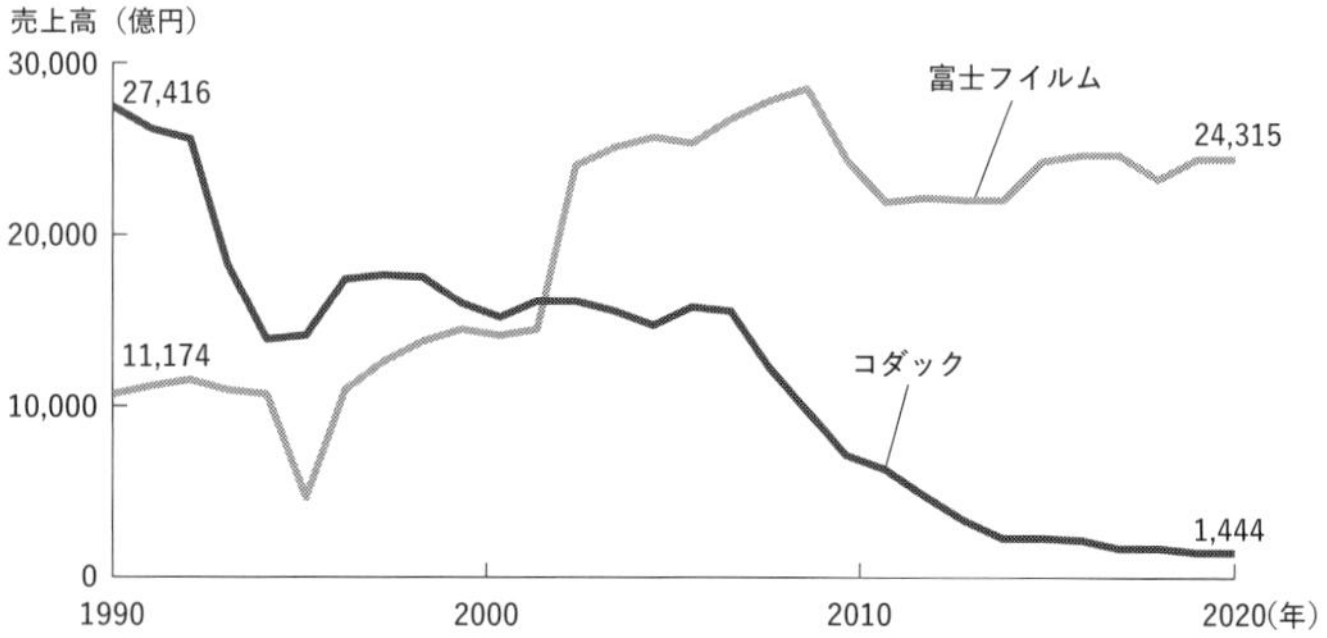

シナジーがある事業群からなる手堅い事業ポートフォリオを組んでいたために、コロナ禍ではすべての事業が将棋倒し的に影響を受けたという企業もある。そのため「適度な飛地があった方がよかったかもしれない」と振り返る企業も出てきている。

いたずらに多様な事業に機会主義的に手を出すのではなく、しっかりとしたパーパスやビジョンに立脚しているのであれば、ポートフォリオ発想は企業の強靭化に貢献し得る。その意味からも、新規事業によって企業の事業ポートフォリオの厚みを増すことは、リスクヘッジ効果をもたらす。

④自社の保有アセットを有効に活かして、マネタイズを図る

企業には、築き上げてきたアセットが存在する。

例えば、顧客ベースは最も貴重なアセットである

し、技術や固有のビジネスモデルも重要なアセットである。そのようなアセットは既存事業によって築き上げられたものであり、かつ既存事業に貢献するものであるが、新規事業にも有効なことが多く、新しいマネタイズ手段となっていく可能性がある。そのため、新規事業は既存アセットのマネタイズ機会をもたらし得る。

⑤本業を強化する

本業、既存事業には、必ず、川上、川下などの周辺領域、関連領域が存在する。新規事業として既存事業の周辺、関連領域でビジネスを展開すると、既存事業へのシナジー効果が出て、既存事業を差別化したり強化したりできる。例えば、昨今、ネットプレーヤー、ＥＣプレーヤーが、自らにとっては既存事業の川下領域にあたる決済事業に進出している。いわゆる〇〇Ｐａｙというものである。

これらは、ひとつには、その決済事業から得られる収益や決済関連で他社に払っていた手数料の節減という、その事業からの経済メリットを求めている。同時に、利便性が高い、あるいは使えば得をするような決済手段を、自社の既存サービスのユーザー向けに提供することによって、ユーザーをさらに囲い込んだり、決済事業から得られるデータを活用したりして、本業を強化しようという意図がある。このように新規事業はそれ自体の経済性を超えて、本業強化にも貢献し得る。

経営基盤強化面での目的、得られること

新規事業の目的、ゴールとしては、前述のような事業面での貢献が強調されることが多いが、経営基盤の強化への貢献も、もう一つの大きな柱である。先行きが見えない経営環境下、人材を中心とした経営基盤はより重要になっていくので、こちらの側面も副次的と片付けられないものになってきている。

①人を育てる、鍛える

今までの議論で強調してきたように新規事業は難しく、かつ既存事業とは異なる能力が求められる。そのため企業の有用な人材を新規事業に投入し、貴重な経験を積んでもらうことによって、次世代を担う人材を鍛え上げることができる。

既存事業においては、既に立ち上がっている10という大きさの事業を100に、100を1000に、という能力を磨くことはできるが、新規事業の立ち上げでの、0から1へ、1から10へ、という経験を身につけるのは難しい。すなわち新規事業は、ある種のアント

レプレナーシップを濃縮して経験できる場である。また、既存事業と違って、あらゆる経営資源が不足し、未知の領域でもがき苦しまなくてはいけない修羅場でもある。その中で得られる経験は大きい。

極論すれば、新規事業がうまくいかない場合でも、新規事業探索での挑戦や試行錯誤の中で、将来の経営人材を育成できれば、次なる新規事業、あるいは本業でより大きな貢献をしてくれる可能性がある。事業がうまくいくに越したことはないが、新規事業は多産多死的な面もあるので、そのあたりまで見通して新規事業の意義を考えておくことも重要だ。

②ビジョン、パーパスを確認できる

新規事業を探索するときには、候補に上がってくる事業をやるべきか／やらざるべきか、なぜやるのか／やらないのか、という判断をし続けることになる。判断軸が曖昧だと適切な判断ができないため、判断軸を明確にする努力をすることになる。その過程で、自社が本当に目指しているものは何か、そもそもビジョンはどうだったのか、自分たちの存在意義、パーパスは何か、という本源的な問いに向き合わざるを得なくなる。そのため、新規事業を追求していくことは、既存事業に取り組んでいるとき以上にビジョン、パーパスを意識せざるを得ず、極端に言えばパーパスを確認するプロセスになる。

③挑戦心に満ちたカルチャーをもたらし、社員のモチベーションをあげる

新規事業とは、その定義から、新しい事業であり、挑戦である。よって、企業として新規事業に果敢に取り組もうという姿勢は、会社が新しいことに挑むことを示しており、社員に自分の会社は挑戦心に富んでいるという印象を強く感じさせ、モチベーションの向上につながる。逆に、慎重になりすぎて新規事業に踏み込めないことが続いたり、着工への意思決定に多大な時間を要したりすると、自分の会社はチャレンジが苦手だという印象を与えてしまい、社員の士気を低下させ、場合によっては、やる気のある若手の退職モーメンタムを強めてしまうことがある。むろん、既存事業での努力も挑戦であり、社員へのアピール力もあるが、新規事業の存在は社員により強い躍動感を与えることになる。

④対外的にチャレンジャー感、成長感を与えられる

新しいビジネス、サービス、商品を出している企業は、今のビジネスにこだわらず、常にフロンティアを目指しているチャレンジャー心に富んだ企業と認知される。代表的な例としてよく挙げられる日本企業にリクルートがある。常に新しいものを世の中にリリースしている積極果敢な企業として、広く認識され、尊敬されている。

外部から、新しいことにチャレンジしていると見られることは、企業にとっては明らかにプラスである。例えば、投資家の目には、新しい事業への積極的な取り組みは持続的な成長を想起させることになり、株価にポジティブな効果をもたらす。

また、昨今では、事業の成功に向けてアライアンスが重要になってきているが、チャレンジ心に富んでいると見られている企業には、アライアンス案件の持ち込みも多くなる。アライアンスの交渉においても、先方企業も組みたいという意志が高まっているケースが多く、よりスムーズに進む傾向がある。既存事業の取引先においても、チャレンジして注目を浴びているという要素はプラスであろう。

さらに、今後より重要になっていく人材の採用においても、チャレンジャー感が強い企業は、差別化しやすい。このように新規事業に果敢にチャレンジする企業は、外部のプレーヤー、人材を引き付ける力が強まり、多くのベネフィットを得られる。

一方で、既存事業で強さを発揮し、手堅い収益をあげていても、新規事業にあまり踏み出していない企業は、チャレンジャー感、成長感が乏しく、成熟した企業と見られてしまうことがある。例えば、投資家の目線では、既存事業の成長の陰りが見える中で新規事業にも消極的だと、成長ファクターがないと理解され、株価にもマイナス効果をもたらしてしまう可能性がある。

この章までで、新規事業の種類・タイプから始めて、特徴・特性、つまずきやすいポイント、それでも取り組む理由などに触れてきたので、新規事業の全体像はかなり明確になったと思う。次章では、新規事業の全体像を確認する仕上げとして、新規事業を具体的にどんなプロセスで進めていくのかを鳥瞰したい。

5

新規事業探索の５つのステージ

前章までで、新規事業について多面的に確認してきたが、この章では、新規事業をどう始めて、どう進めていくのかというプロセス全体を概観していく。新規事業への取り組みのプロセスについては、どのようなステージに分けるか、それぞれはどのようなタスクで構成されていると考えるか、などにつき、様々な見方があるが、本書では、図表Ⅰ－５－１のように５つのステージに分けて考えてみたい。

図表Ⅰ-5-1　新規事業探索プロセス

	❶着工ステージ	❷ローンチ準備ステージ	❸事業ローンチステージ	❹成長加速ステージ	❺既存ビジネス移行ステージ
位置付け	0 → 0.5	0.5 → 1	1 → 10	10 → 100	100 → 1,000
アクション	取り組む事業を特定し、着工を決断する	最終検証をし、立ち上げの準備をする	ビジネスとしてスタートする	成功できるレベルに引き上げる	既存ビジネスとして事業発展させていく

出所：ボストン コンサルティング グループ

［1］着工ステージ

最初の「①着工ステージ」は、新規事業探索をスタートさせるステージであり、取り組む候補事業を特定し、取り組み始めることを決断する。事業の進むプロセスを仮に数字で１から１０００までの旅路と例えるなら、０から０・５にもっていく、まさしく、無から有をつくり出すステージである。

このステージの到達点は、ある事業構想を本格的に始める準備に移行する、すなわち、「着工する」という意思決定をすることであり、本書でメインテーマとしているステージである。

このステージについては本章の後半でさらに詳しく見ていくので、ここでは、本書でなぜこの「①着工ステージ」にこだわり、焦点を当てているかについて触れておきたい。

新規事業の成功数＝「Ａ：適切に始める新規事業数」×「Ｂ：成功確率」

と考えると、「Ａ：適切に始める新規事業数」は、成功数を決める重要因子である。しかしながら、このステージをうまくマネジメントできないために、始めるという決断ができなかったり、取り組むべき事業機会を見逃してしまったりして、本来やるべき新規事業を着工できないなど、始められないことも少なくない。また、逆に、やるべきでない事業を始めて、割くべきでないリソースを割いてしまうこともある。いずれの場合も、「適切に始める」ことができていないことになる。

　また、「Ｂ：成功確率」に関連しても、このステージでしっかりと社内での意識統一ができていないと、後々の議論や意思決定に多大な時間をかけたり、不適切な判断をしたりすることになり、成功確率を下げる要因をつくってしまう。つまり、新規事業成功に向けての１０００までの旅路の０・５までのところではあるが、適切に新規事業を始められるか、その後成功できるか、の成否を決めるステージなのである。その割に多くの企業に改善の余地がある現状を鑑みると、「①着工ステージ」の重要性、「新規事業着工力を引き上げること」の重要性を、強調せざるを得ない。

〔2〕ローンチ準備ステージ

次のステージの「②ローンチ準備ステージ」では、前の「①着工ステージ」で、「候補事業を着工する＝さらに検討を深める」ことを意思決定したことを受けて、新規事業に本格的に踏み出すための最後の検証作業をしながら、並行して、ローンチ、立ち上げに向けての準備をしていくことになる。新規事業の旅路でいうと、0・5から1にもっていく、事業の事前準備における最終段階であり、ここから先は売り上げとコストが発生するリアルなビジネスを運営する実戦に移行する。

「①着工ステージ」では、しっかりとした検討と議論に基づき、候補事業を始めることを意思決定しているが、ポテンシャルユーザーのニーズを様々な形で確認しているとはいえ、本当にポテンシャルユーザーからお金をもらえるのかについて実証するまでには至っていない。同様に、プラン上はしっかりと検討していても、コストに見合う形で事業を回していけるのか、想定どおりのオペレーションを実行していけるのか、想定していなかった落とし穴やリスクはないのか、などをリアルに検証するまでには至っていない。

要は、「①着工ステージ」はしっかりと検討してきたとはいえ、悪く言えば、未だ机上の空論の段階と言える。そのため、本格的に人を配置して、資源投入して、リアルにビジネスを始める前に、候補事業のパイロットテスト、言ってみればβ版のビジネストライアルが必要になる。

　このトライアルの中では、想定とは違う状況に遭遇することや、当初のプランどおりではうまくいかないところを発見することが多い。その場合は、プランを修正、進化させていくことになる。修正、進化させて、検証項目をクリアしていければ、より強い確信を持って次のステージに進むことができる。しかし、残念ながら、あらゆる手段を尽くしても良い結果が出ないこともある。その場合は、ここでその事業はやめることになる。

　一見、これは失敗に見えるが、このステージはあくまで検証段階であるので、本格的に資源投入する前に事業を進めないという決断ができたことは、成功とは言えないが、成果ととらえるべきである。むしろ、甘い検証を経て本格事業展開に進み、そこで壁に当たってしまうと、それは大きな失敗になるので、冷静な検証作業が必要である。

　一方で、このステージは、事業検証の役割を持つとともに、本格事業展開への準備期でもある。パイロットテストは基本的に小規模であり、場合によっては、やめることも想定した暫定的な作りでよい。一方、本格的に事業を行う場合は、初期段階とはいえ規模もより大きくなり、かつ顧客もいるので、継続的な事業運営を行える体制が必要だ。そのため、この準備期で、必要な人材、資源、場合によっては、事業パートナーを特定し、確保しておく必要がある。特に人材は、量的な面だけでなく、質的に事業に適合したメンバーが必要になるし、確保するまでに一定のリード期間も必要なので、社内外からどう確保するかをしっかりと準備しておくことが重要だ。

また、こうしたことの裏返しであるが、この後の段階からはある種の契約が発生するので、その交渉も必要になる。単に資源を確保するだけでなく、条件にも目を光らせることが重要である。

加えて、次のステージからの詳細なアクションプランを準備しておくことも必要だ。これより先はより多くのタスクが発生するので、どの時期に、どのように動けばよいかなどは、詳細化しておく必要がある。また、そのタスクの進捗具合をモニタリングしつつ、必要なところにはサポートを入れておく、プロジェクトマネジメント機能も強化する必要があるので、その準備も怠らないようにしたい。

このような準備作業を、検証のペース、成功度合いを見ながら、並行して進めていく。事業を始めるといっても、最初から大規模な運営までには至らないので、この段階では初期的な体制構築ということになる。

［3］事業ローンチステージ

3つ目の「③事業ローンチステージ」からは、実際にビジネスを始めることになる。前のステージで積み上げていた1のレベルを10に引き上げていくステージである。始めたばかりの段階なので、売り上げやオペレーションは安定しないし、日々想定外のことが起こりうるため、気が抜けないステージである。したがって、ある程度プランは立てておくものの、状況に応じて、走りながら考え、事業を進化させていくことになる。

ここでのゴールは、事業の芽を出させること、しっかりとやれば確かに事業になりそうだと確信を持てるレベルに到達することである。試行錯誤の結果、事業が順調に進み、立ち上がることができれば、次のステージに進むことになる。

しかしながら、当初設定したマイルストーンどおりにビジネスが伸びない場合、あるいは何らかの読み違いからビジネスとして収益性が芳しくない場合は、当初のプランを大きく変更する立て直しの議論が必要になる。その結果、やり方を変えてさらに努力していくという結論が出る場合もあるが、どのように手を打っても改善が難しそうだと判断する場合は、撤退の意思決定が必要になる。撤退といっても、ユーザーがいる場合など、すぐにやめられないこともあるし、やめられる場合でも、すぐにやめてしまうのか、どこかの企業に譲渡するのか、など撤退の方法にも幅がある。したがって、撤退方法の検討、議論も必要になってくる。

［4］成長加速ステージ

次のステージは、「④成長加速ステージ」である。前のローンチステージで、事業として芽が出始めた、うまく対応すれば事業として成立しうるということが証明されつつあるので、その種を新規ビジネスとして成功させるレベルに引き上げるステージとなる。新規事業の旅路で言えば、10を１００に引き上げる段階と言える。より高水準に成長するための手段を講じながら、ビジネスを絶え間なく進化させていくことが重要になる。

今までの過程においてビジネスの筋の良さはある程度証明されつつあるので、このステージでは事業として成功させるための要素が重要になる。

その一つは、スピードの加速である。仮に新規事業の筋の良さに注目が集まれば、他のプレーヤーが真似してきたり、既存プレーヤーが対抗策を講じてきたりするかもしれない。

また、ユーザーの熱や注目も温まっても冷めてしまうことがあるので、勢いがついているときに、なるべく早く臨界点までもっていく必要がある。ビジネスの速い拡張を支えるため、資源の獲得のスピードアップも重要である。折角ニーズが顕在化してユーザーがついてきても、サービス、製品を供給するところが足かせになっては、ビジネスの拡張の制約になってしまう。

また、スピードと関連するが、このステージからは、より競争の要素が重要になる。今までの段階では競争も重要だが、ビジネスの質の良さ、実現性など、自分との闘いの面がより強かった。しかしながら、ここからは競争の意識のウェートが高くなる。想定する競争相手に比較して、どう優れているのか、改善箇所があればどう対応するのか、と競争優位性を高める意識が重要になってくる。

さらに、収益性に関しての目配りも重要になる。このステージよりも前の段階では、新規事業も新しいチャレンジであり、規模もそれほど大きくないので投資として理解される面も強く、ある程度の期間の赤字も許容される。しかし、このステージでは、より事業として見られていくため、トータルの経済性に目処を立てることが重要になる。

このようなポイントを押さえながら、１００レベルに事業を高められたら、次のステージに移ることになる。

［5］既存ビジネス移行ステージ

最後のステージは、「⑤既存ビジネス移行ステージ」である。新規事業の旅路では、100から1000を目指すステージである。前のステージまでで、当該事業は、新規事業としては、ある程度の成功をおさめたと言える。となると、マネジメントとしては、もはや当該事業を新規事業ではなく、既存事業とみなしていくべき段階になる。経営上の論点も変わって、この段階からは、既存ビジネスとして、どのように事業を発展させていくかが鍵になる。したがって、所管を変えるなど、組織上の対応も検討すべき段階である。

また、この段階になると、必要な人材も異なってくる。確立したビジネスをより大きく、強くしていくのに必要な人材を投入する段階なので、場合によっては、初期からこの事業に関わってきた人材が外れていくことも検討すべきである。努力し、育ててきた事業から、創業コアメンバーを外してしまうのは、本人のモチベーションを含めて、厳しい決断になるが、このような人材は、企業にとって宝そのものである。そのため、本人の処遇に工夫しながら、さらなる新規事業にチャレンジしてもらうなどの全体最適からの判断も重要になる。

「着工ステージ」での5つのフェーズ

以上概観してきたように、新規事業の全体プロセスは長く、かつ、それぞれのステージが重要であり、難所も多く、違った努力、能力も求められる。中でも、本書で特にその重要性を強調している、最初のステージである「①着工ステージ」をあらためて取り上げ、このプロセスがどんなフェーズに分かれていて、どんな取り組みがなされるのかを少し掘り下げて見ていきたい。

「①着工ステージ」は、本書では、図表Ⅰ-5-2のように、標準的には5つのフェーズを経て進めていくと考える。それぞれの詳細や定石などはPART Ⅱで議論していくが、その前に大きな流れを概観しておきたい。

フェーズ1：方針設定

最初のフェーズは、「方針設定」である。新規事業への取り組みというと、すぐに個別事業の構想や検討に向かいたくなるが、その前の土台作りが重要で、このフェーズがそれにあたる。

図表Ⅰ-5-2　着工ステージにおけるフェージング

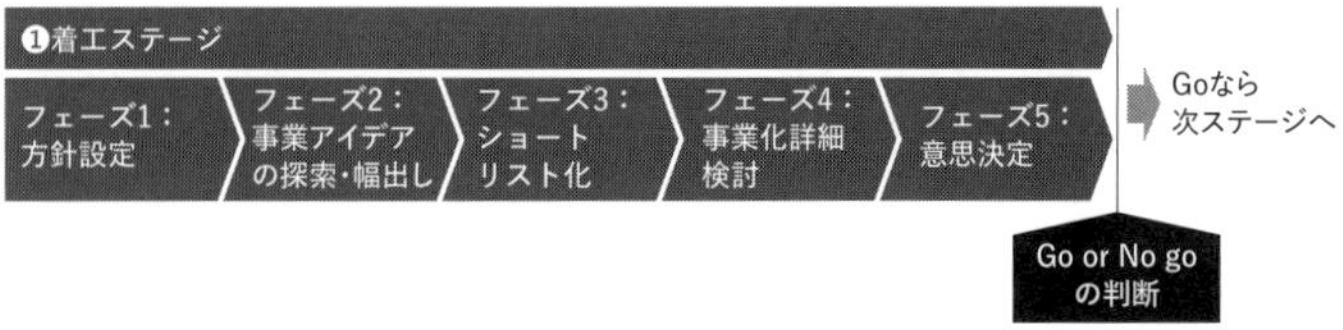

出所：ボストン コンサルティング グループ

最初にやるべきことは、マネジメント層、関係者の間で、新規事業についての理解をそろえることである。「1」章で見てきたように、新規事業についての理解が人それぞれであるので、「新規事業とは何か」の認識合わせを最初にやっておく。

理解、認識が合った後には、どんな新規事業で、何を目指したいのかを確認する必要がある。新規事業はタイプも含めて幅が広いので、どんな新規事業を始めて、何を達成するのかを明確にしておかないと、新規事業企画・推進チームは、マネジメントが望まないような新規事業に取り組もうとしてしまうことがあるからだ。「そんなに粒の小さいものではがっかりだ」とか、「そんなに身の丈を超えるような大掛かりなものは困る」とか、しっかりと注文を出しておかないと、想定と違うものが出てきてしまう。

また、そのようなコミュニケーションギャップが頻発すると、真面目に新規事業に取り組むモチベーションも下がってしまう。

望ましい新規事業像、目標を定めた後は、初期検討をする体制や議論の仕方、どんな時間軸で検討を進めていくかなど、初期検討の枠組みを決めていく。これらがそろって、いよいよ事業アイデアの探索をスタートできる状態になる。

フェーズ2：事業アイデアの探索・幅出し

フェーズ2は「事業アイデアの探索・幅出し」である。ここでは、様々な方法を用いて事業アイデアをひねり出していく。事業アイデアをひねり出すというと、きわめてクリエイティブな、特殊な才能のある人間の仕事だと思いがちだが、後段で見ていくように手がかりになる定石がいくつか存在する。その定石を用いて、良質な事業アイデアをできるだけ多く特定していく。

事業アイデアといっても、このフェーズでは非常に細かいレベルまで詰める必要はない。しかし、事業の骨格になるところを明らかにしておかなければ、単なる断片的な思いつきになってしまう。よって、「誰に」「何の価値を」「どのようなビジネスモデルで」提供するのかというあたりの事業の輪郭までは、構想していく必要がある。

ここは幅出しフェーズなので、前向き、かつ大胆な気持ちで臨むことが重要である。人それぞれ性格に違いはあるが、保守的、懐疑的なメンタリティーは、やや横に置いておくくらいが望ましい。

フェーズ3：ショートリスト化

次のフェーズは「ショートリスト化」である。前フェーズでは、定石を用いながら、事業アイデアをできるだけ多くひねり出すことに注力したが、ここでは一転して、ロングリストにある事業アイデアを客観的に評価し、その中からよりポテンシャルの高い事業アイデアを選び出すことになる。

手順としては、まずは評価に必要な評価基準、ものさしを特定する。基準、ものさしがなければ事業をしっかりと評価できず、感覚的に良否を判断してしまうことになるので、評価に飛びつく前工程として、しっかりと基準を定める必要がある。その後は個々の事業アイデアを基準に合わせて、一つひとつしっかりと評価していく。

すべての事業アイデアを評価した後に、優先順位が高いと考え得る事業アイデアを選び出す。これらがショートリストに載った事業アイデアであり、次ステップの深掘り検討に進めることになる。

残念ながら選ばれなかった事業アイデアは、ここで検討は一旦終了になる。しかし、これから先の検討過程で、ショートリスト化された事業アイデアが十分な量が残るかどうかわからないこと、事業の評価も状況の変化によっては変わる可能性もあることから、選定に漏れた事業アイデアも一時待機くらいにとらえて、置いておくことも重要である。

フェーズ４：事業化詳細検討

フェーズ４は「事業化詳細検討」である。フェーズ２では事業の大体の輪郭を構想したが、ここでは、そのアイデアをしっかりと事業プランに練り上げていくことになる。具体的には、この事業を着想した理由や、どんな姿を目指すのかなどの事業の基盤部分の確認から始まり、事業の概要をより具体化しつつ、事業性の初期検証、収益計画の策定、必要資源の特定、想定リスクと対応策の特定を経て、実際に事業を遂行するための推進体制、事業展開ロードマップ、当面のアクションなども明確にしていく。

要は、社内でその事業を評価するために必要な要素について詳細化し、様々な質問に耐えられるようにしていくことになる。

フェーズ５：意思決定

最後のフェーズ５は「意思決定」であり、前のフェーズで詳細化した事業プランをベースに、さらなるプロセスに進むか、進まないかの判断をする。ここでGOとなれば、この「①着工ステージ」を卒業し、「②ローンチ準備ステージ」に進むことになる。一方で、残念ながら選に漏れた場合は、前のフェーズに戻って、議論で問題を指摘された部分を補強しながらプランを練り直すか、ここで一旦検討は終了することになる。

以上が「①着工ステージ」における5つのフェーズの概観であるが、それぞれのフェーズには多くのタスクがあり、定石やコツがある。再三強調しているように、このステージが新規事業成功に向けて非常に重要であるものの、多くの企業で必ずしも十分うまく進められてはいないため、PART Ⅱでは、5つのフェーズについて一つずつ詳細を見ていきたい。

PART Ⅱ

「着工ステージ」各フェーズの定石、留意点を押さえる

ＰＡＲＴ Ｉでは新規事業の全体像について再確認した。ＰＡＲＴⅡでは本書の中心テーマである「着工ステージ」にフォーカスし、ＰＡＲＴ Ｉの「５」章で概説したフェーズごとに、やるべきこと、定石、ティップス、留意点などを俯瞰していく。このセクションは、事業企画・推進にあたる方々を中心読者と想定して執筆しているが、マネジメントの方々にも、「フェーズ１」、「フェーズ５」は、目を通していただきたい。その他のフェーズについても、実務方のアクションイメージがつかめるので、関心に応じて一読していただけるとありがたい。

1

フェーズ1：方針設定

新規事業の「着工ステージ」の5つのフェーズのうちの最初のフェーズ、つまり、新規事業の全体プロセスの出発点が、この「方針設定フェーズ」である。このフェーズでは、文字どおり、今後の新規事業検討に向けての基盤となる方針を設定する。やるべきことは、大きく3つある。最初に、①マネジメントを中心に関係者の新規事業についての理解を深めつつ、共通認識をつくること。次に、②新規事業推進にあたっての目的、ゴールや大方針をしっかりと設定すること。そして、③「着工ステージ」での検討の進め方・段取り、初期検討チームの体制の大枠を決めること、である。

このフェーズは、新規事業検討を進めるための基盤固めであり、必要不可欠だが、多くの新規事業の検討では、このフェーズをしっかりやらずに、具体的な事業検討に飛び込んでしまう。そうなると、結果的には成功確率が下がったり、検討スピードが鈍化したりしがちである。基盤がしっかりしていないと、その上の構築物は不安定になってしまうので、先を焦らず、腰を据えて取り組みたいフェーズである。

[1] 新規事業についての理解を深め、共通認識をつくる

PART Ⅰの「1」章で見たように、新規事業に関しての理解は人それぞれでバラツキが大きい。人によって「新規事業」という単語に込める意味や想いが違っているし、新規事業の特性について誤解している人も少なくない。そのような状態を是正せず、マネジメントや新規事業に関わるメンバーの新規事業への理解がそろっていない状態で船出をすると、道中、コミュニケーションが円滑にいかずにストレスがたまることも多く、正しい意思決定もできなくなる。

例えば、社長や影響力の大きい有力なマネジメントメンバーが、新規事業の難易度や、必要な資源量・時間などを十分に理解せずに、新規事業の推進チームに実現性を超えた要求をすることがある。推進チームがしっかりと反論できていないと、実現不可能な目標や

プランに基づいた新規事業を始めることになり、後々、推進チームが苦しい状況に陥る。スタート時点で関係者が新規事業に関しての理解を深め、かつ意識をそろえておくことが重要である。

関係者が新規事業について広範囲に理解を深めておくことが理想ではあるが、ここは特に理解を深めておきたいという必須ポイントがいくつか存在する。例えば、新規事業は難易度が高いということ。陥りやすい罠があること。基本は多産多死であり、必ずしもすべてがうまくいくわけではないこと。そのため、いくら検討を深めて成功確率を高めても途中でやめる可能性があること、などが挙げられる。

中でも、撤退も議論する必要があるし、必要に応じて撤退を提起することは善であるということは、共通認識として持っておきたい。そうでないと、絶対に成功させるというスタンスで石橋をたたきまくる議論が展開し、事業を始められなくなる。また、始めた事業が思わしくない状態でも、どうにかテコ入れしたいといたずらに資源投入を繰り返して傷口を広げたり、他の新規事業を産むための資源を浪費してしまったりする。辛いことではあるが、始める新規事業はやめる可能性があるという原則を確認することが重要だ。

しっかりと理解を深めるためには、新規事業に関してのワークショップを開くことも有効である。うまくやってきた成功者のストーリー、場合によっては失敗談を聞きつつ、肝になる部分について議論することによって、新規事業に関しての重要ポイントを血肉化していく。また、一度理解したことを忘れずに定着させるために、新規事業の取り組みにあたってのルールなどを「〇カ条」としてまとめておき、道中で参照するという手もある。

頭で「多産多死である」と一旦理解しても、実際に事業が思わしくないときに、そんな理解は飛んでしまうことも多く、「〇カ条」のルールに戻って、冷静な判断をしていくのは有効だ。この手の細かな工夫は相応の効果を発揮するので、個々の企業の特性に応じて取捨選択していくのがよい。

新規事業を始める段階で新規事業のすべてを深く理解することは難しいし、やり始めて学ぶこと、理解できることも少なくない。しかしながら、最初の段階で発射台を最大限に高くしておくことは、今後の検討をより円滑にするためにきわめて重要である。

[2] 目的、ゴールや大方針を設定する

新規事業に関しての理解が深まり、共通認識を持てた後にマネジメントメンバーがやる

べきことは、新規事業の目的、ゴールや大方針の設定である。

まずは、目的、ゴールの設定が第一歩になるが、ＰＡＲＴ Ⅰ「４」章で見たとおり、新規事業からは多くのことを得られる。事業面では、最も重要なものとして、持続的な成長の担保＝新収益源の獲得があるが、それ以外にも、業態の転換、多角化によるリスクヘッジ、有用アセットを使っての新収益の獲得や本業の強化まで幅が広い。

また、経営基盤の強化という側面においても、人材の育成から、カルチャー改革、対外へのチャレンジャー感の打ち出し、ビジョンやパーパスの再確認など、得られるものは多岐にわたる。これらの新規事業の目的、ゴールのどこにウェートを置くのかを予め決めておくことが重要である。

多くの場合は「持続的な成長の担保＝新収益源の獲得」を最優先の目的と設定するが、それと同等に、人を育てる、鍛える、という人材育成を目的と置く場合も多い。その場合は、将来の有望人材を積極投入して、修羅場で徹底的に鍛えることが、事業の成功と同程度に重要になる。しかしながら、そのような目的意識が明確にコンセンサスになっていないと、新規事業を進めていく道中において、事業の成功を唯一のゴールと考え、組織内の人材よりも、その道筋に通じている外部人材を積極登用して、成功確率を上げるべきという考え方に傾斜しすぎてしまう場合もある。そうなると、マネジメントが本来目指したかった人材の育成という目的は達成されず、新規事業の目的達成は片手落ちになる。

要は、新規事業で達成したい目的をどこに置くのかによって、アプローチが異なってくる。したがって、何を目的として新規事業を行うのかはしっかりと議論して、マネジメントの間でコンセンサスをとっておくべきである。

どの目的を上位に置くのかを決めた後には、それぞれに関して、どのレベル感、高さを目指すのかを決めることも重要である。よくあることとして、「新規事業の目的＝新収益源の獲得」と漠然と合意して、それ以上問いかけることなく、すぐに具体的な機会の検討など先のプロセスに進んでしまうことがある。

仮にシンプルに、新しい収益を得ることに目的を絞ったとしても、ある程度足しになるくらいの収益を期待するのか、将来の柱の一つをつくるという収益レベルを期待するのか、さらに大きく既存事業にとって代わる主力事業をつくるのか、というゴールの高さによって、目指すべき事業は異なってくる。時間軸も確認すべきで、2～3年でそれなりに芽が出ることを期待するのか、5～10年の胆力を許容して追求するのかにより事業の構えは変わる。これら目指すものの高さや、費やしてよい時間、資源量などを明確にしておかないと、マネジメントが望んでいない新規事業を目指してしまうことがある。

一方で、企業としては新規事業すべてにホームランを目指させるということはなく、ポートフォリオで考える面もある。しかしながら、そうであれば、そのイメージを明確にしておかないと、期待外れのポートフォリオになってしまう。例えば、マネジメントの期待に反して、非常に細かい新規事業が山のように積み上がる、逆に非常に大きな結果を目指すものばかりになり手堅いものがないといった状況が起こりがちだ。いずれの場合でも、マネジメントに青写真がなければ目指す姿から外れてしまうことになるので、ゴール感を明示しておくことが重要である。

目的、ゴールを明確にした後は、新規事業の取り組みにおける大方針として、どのようなタイプの新規事業を期待しているかを明確にする必要がある。新規事業の種類に関しては、ＰＡＲＴ Ｉ「1」章において、既存事業との距離感をベースに、①新市場開拓系、②新商品投入系、③多角化追求系に分類した。どのような事業がターゲットなのか否かという、ストライクゾーンを示しておかないと、現場が努力してもマネジメントの期待感とのずれが生じ、不幸な結果になってしまう。

また、具体的な事業領域についても、このあたりの領域で事業を創りたいとか、このあたりは避けたいとか方向性があるならば、事前に設定しておくべきである。そうでないと、折角検討の努力をしても、マネジメントの目からはピントがずれたものになってしまうだろう。このような大きな方針は、後々の検討の中で具体的な案件を見ることによって変わることもあるが、最初に方針を設定してガイドを出しておかないと、的外れな検討に時間を要してしまいかねない。

[3]「着工ステージ」での検討の進め方の大枠を決める

新規事業の出発点として重要な、目的、ゴールの高さ、取り組み方針を明確にした後は、初期の検討をどう進めるかを決めていく必要がある。

まず、どのような時間軸で、どんな段取りで進めていくのか、要は締め切り期限とプロセスを決めていく。締め切りをどのあたりに設定するのかは、急ぎ具合、検討に求める精度、検討体制・リソースなどの要素から決まってくる。「着工ステージ」に時間をかけすぎても事業は始まらないので、数カ月という単位が妥当で、1年というのは一般的には長すぎる。ここは、あくまで新規事業の最初のステージであり、その後に本格的な取り組みが待っているので雑にはできないが、時間をかけすぎるのは好ましくない。したがって、あまりにも無理なスケジュールは回避すべきだが、マネジメントとしては、ややストレッチした時間軸を決めるのがよい。

プロセスについては、「着工ステージ」の定石的な段取りは、PART Iで5つのフェーズを示したが、個社の事情などに合わせて段取りを微調整してもよい。特に、予めこのビジネスは有望で早く取り組みたいというものがある場合は、そのビジネスについては、「フェーズ4：事業化詳細検討」からスタートさせてもよい。しかしながら、その有望と思われる事業も必ずうまくいくわけではない。新規事業はポートフォリオ思考で臨むべきという考え方から、並行して「フェーズ2：事業アイデアの探索・幅出し」も始動して、より広い目から他の事業候補も探っておいた方がよい。

日本企業の新規事業探索においては、なぜその事業に取り組むのか、なぜ他のものに取り組まないのか、という議論も高い頻度で起こるので、ある程度、全体を見て、これが有望なので追求するというところがないと、後々の意思決定が鈍ってしまう。

時間軸、段取りを決めた後は、検討体制を決める。体制に関してはいろいろと論点があるが、どれくらいの大きさの検討チームにするかが重要な論点になる。「着工ステージ」においては、川上の部分、特に「フェーズ2：事業アイデアの探索・幅出し」から「フェーズ3：ショートリスト化」までのところは、少人数で検討する方がよいとされている。大人数で手分けして進めると個々の負荷はやわらぐが、コミュニケーション、意識合わせに時間がかかるなど、マイナスも大きい。加えて、コンセンサス重視の傾向が出ると、角が取れた丸まった案になってしまうリスクもある。少人数であれば、それなりのスピード感での検討になる。また、少人数が集中して検討する形は、兼務よりは、期間限定でも専担に近い形がよい。

一方で「フェーズ4：事業化詳細検討」においては、ショートリスト化された有望事業が多い場合は、人数を補強する必要がある。しかしながら、そもそも「ショートリスト化」フェーズで候補事業の数を絞っているので、ここもあまり多くの人間でやるよりは、少人数で対応する方が効率的であり、検討品質も上がるとされている。

この「方針設定フェーズ」で基礎固めができた後は、具体的な検討になる。このフェーズをスキップしてしまう例も見かけるが、成功確率を高めるためには、しっかりとやっておくことが大切である。

2

フェーズ2：事業アイデアの探索・幅出し

新規事業の目的・ゴールを見定めるなどの「着工ステージ」の土台を構築した後は、いよいよ「事業アイデアの探索・幅出しフェーズ」になる。新規事業に関してのアイデアを着想していくと言うと、天才的な直感の世界をイメージさせるが、実際には、定石に基づく努力をベースに、それに若干の直感、インサイトが組み合わさるものなので、やる気になれば、やれる仕事である。また、事業アイデアは、後工程の「ショートリスト化フェーズ」で選別されるので、この段階では、質にこだわるとともに量にもこだわって、良質なものをなるべく多く見つけ出すことが重要である。

事業の骨格、魅力度、優位性の見立てを構想する

どのように事業アイデアを着想するか、についての定石の議論の前に、このフェーズで必要な事業アイデアとはどんなレベルのものなのかを確認しておきたい。この段階でのアイデアは、まだロングリスト段階であり、次のフェーズでスクリーニングされ、ショートリストに残った事業アイデアが詳細検討に移行する。そのため、このフェーズでは、勝算を裏付けるエビデンス、どう実現するかのプランや収益計画などの詳細までは必要ない。基本は、事業の骨格を示しながら若干の肉付けがあって、事業の輪郭がわかればよい。骨格にあたるものは、あらゆる事業で最も重要な要素である、「誰に」「何の価値を」「どのようなビジネスモデルで」提供するのか、というところになる。

例えば、今でこそ皆が当たり前に使っているウェブ検索サービスは、「インターネットユーザーに」「見たいウェブページにたどり着けるという価値を」提供している。ただ、当初は、それによってユーザーにはベネフィットがあるが、どう儲けるかが課題であった。すなわち、「どのようなビジネスモデルで」の要素は必ずしも明確ではなかった。ただ、最終的に「広告主からの課金で稼ぎ、ユーザーには無料で」という方向が出せ、事業のコア

要素がそろった。この段階で初めて事業アイデアと言えるものになり、良否が判断できる。言い換えれば、事業の骨格としては、「誰に」「何の価値を」という事業機会に対して、「どんなビジネスモデルで」マネタイズしていくかを明確にしていかなくてはならない。

加えて、骨格は重要だが、ある程度の肉がないと、それが魅力的なものなのかを適切に判断できない。この段階では、まだロングリスト段階ではあるものの、なぜこの事業機会に目をつけたのか、その事業機会は魅力的なものなのか、取り組み始めたときに競争優位性はありそうか、について、ラフにでも判断できるくらいの材料が必要だ。

かつてのウェブ検索サービスを例にとると、「インターネットが今後は重要な社会インフラになりそうだ」というマクロトレンドに目をつけつつ、「ユーザーの検索ニーズは大きくなり、並行して企業のインターネット広告へのニーズも高まり、事業のポテンシャルが大きそう」という事業の魅力度、その中で「まだ初期段階なので強力な競争相手がおらず、努力次第で競争優位性は築き得る」という優位性の見立てくらいはほしいところである。それをどういう段取りで実現するのか、具体的な収益計画や事業の展開ロードマップなどは、先のフェーズで答えを出せばよい。

このような事業アイデアは、今の事業をやっている中で自然と思いついたり、急にアイデアが降ってきたりすることもあるかもしれないが、意識的に機会を見いだすための定石的なアプローチを活用するのが効果的だ。ここでは、6つの定石的アプローチを概観してみたい。

アイデア出しの6つの定石的アプローチ

定石①ニーズから発想する

ビジネスにおいては、顧客と自社が向き合っているので、「①顧客サイドからの視点＝ニーズからの視点」から、もしくは、「②自社アセットサイドからの視点＝シード視点」から、新規事業を発想していくのがオーソドックスなアプローチである。

中でも、①ニーズからの発想は最も利用されるアプローチで、徹底的に顧客のニーズにこだわって事業機会を見いだしていくというものである。具体的には、お客様との徹底的な対話や行動の観察を通して、お客様のペインポイント（痛点）、アンメットニーズ、要は、困っていること、満たされていないニーズを徹底的に探し出し、そこへのソリューションとしての新しい事業機会を見いだしていく。

例えば、営業時間や場所が限られていた小売業に対してユーザーが感じていたアンメットニーズに応えるべく、いつでも近くで買い物ができるという価値を提供できないかという発想から、コンビニという新規事業が立ち上がった。その後も、ユーザーのアンメットニーズを常に探索し、公共料金支払いの取り扱いをするサービス業や、ＡＴＭから発展させた銀行業まで、新規事業を連鎖的に立ち上げている。

昨今では、このような発想法をより定式化した、カスタマージャーニーという手法がよく用いられる。典型的なカスタマージャーニーは、図表Ⅱ－2－1のように、顧客が、製品やサービスを「認知し、興味や関心を持ち、購入を検討し、購入し、支払いなど契約手続きをし、利用し、アフターサービスを受ける」までのエンドツーエンドのプロセスを横軸に並べる。そして、それぞれのプロセスにおける具体的な行動や、満足／不満足などの心理、ペインポイントを記載して、カスタマーのジャーニー（旅路）を確認する。この作業から、顧客のアンメットニーズやペインポイントが浮き上がるので、サービスの改善余地を見いだすことや、新たな事業のアイデアを着想することが可能になる。

図表Ⅱ－2－1の消費者の住宅購入プロセスを見ると、一連のプロセスは長く、様々なプ

図表Ⅱ-2-1 カスタマージャーニーイメージ（消費者の住宅購入プロセスの例）

ステージ	消費者行動	消費者の心理	消費者のペイン	消費者のペイン
住宅購入を考え始める	住宅購入を考えていない	• 少し手狭になってきた • 周りも家を買う人が増えてきた • そろそろ自分も買い時かも		
	住宅購入に関心を持つ		いつが購入すべき時期なのかわからない	住宅購入のプロセスがわからない
物件を探す／決める	相談・情報収集／条件を決める	• 戸建て／マンション、新築／中古どれにしよう • いろいろ見ていると夢がふくらむ • どんな条件を重視しようか • どのくらいの金額で検討しようか • じっくり考えたいけど、うかうかしていると物件がなくなりそう	ベストな情報収集方法がわからない	誰に相談したらよいかわからない
	物件の比較検討をする		どう比較したらよいか自信がない	
	内覧／絞り込みをする		どれがベストな物件か決めきれない	
	条件交渉をする		妥当な条件がわからない	うまい交渉の方法が知りたい
	仮申し込みをする		もっとよい物件があったかもしれないと思うと不安	
	手付金を払う		もう戻れなくなってしまうと思うと不安	
資金を調達する	不動産業者から住宅ローン提案を受ける	• ローン関連の選択肢も多く迷ってしまう • 複雑だし何を比較したらいいのかわからない • 必要な書類も多いし、手続きが面倒だ • ローンを本当に借りられるだろうか • 念のため待っている間に他の物件も見ておこうかな • 契約の手続きが終わった。手続きだけで疲れた	薦められた業者がよいのかわからない	他のローン先をどう探したらよいのかわからない
	ローンの比較検討をする		ローンの仕組みの理解が難しい	どう比較したらよいかわからない
	仮審査申請をする		書類の準備が面倒	審査結果が出るまで不安
	仮審査結果を受け取る		思ったより金利が高く感じる	ベストな条件を得られたのかわからない
	物件を契約する／ローン本審査を申し込み		契約手続きが面倒	
物件を契約する／新生活を始める	オプション・保険・引越業者を選ぶ	• 新しい家はやっぱりすてきだな • 引越しはこの日にしよう • 家具や家電もこの機に一部買い換えよう • 引越してしばらくは荷物整理や手続きやらでバタバタだ • ローンの返済は思ったより負担だ	やることが多い	
	新居用家具・家電を購入する		想定よりもお金がかかる	
	引越しをする		片付け含めて負担が大きい	
	入居・転居手続きをする		必要な手続きが漏れてないか不安	
	月々ローンを返済する		返済負担が思ったより大きい	

出所：ボストン コンサルティング グループ分析

レーヤーがそれぞれのプロセスにおいてサービスを提供している中、消費者が多くのペインを抱えていることがわかる。この状況に目をつけると、従来とは異なるビジネスをいろいろ発想できる。

例えば、「デジタルを駆使して、一連のプロセスをエンドツーエンドのパッケージサービスとして仕上げて、消費者の負担を軽減する」、「プロセスが面倒な資金調達＝ローンの借入れをシンプル化して、資金の調達における消費者の不安やペインを軽減させる」、「全体プロセスの順番を入れ替えて、家を買うためにいくらまで借りられるかを予め消費者がわかるようにして、どんな家が買えるのかのイメージをより明確に持ってもらい、選択肢を考えてもらえるようにする」などだ。

カスタマージャーニーを見ながら、デジタルなどを駆使して、全体プロセスをまとめる／短縮化する／入れ替えるなどできないかという視点で考えると、新しい顧客体験を着想することができる。

このように、カスタマージャーニーは有効な方法であるが、どのセグメントのカスタマーのジャーニーなのかという視点で考えること、すなわちターゲットカスタマーを意識することが大切だ。マスのカスタマーを対象と考えるとジャーニープロセスも多様であるため、特定のカスタマーセグメントにフォーカスしてジャーニーを掘り下げていく方が、アンメットニーズや不満がより浮き出やすくなり、新しいビジネスへの発想を得やすくなる。

また、アンメットニーズというとＢ２Ｃ事業を想起しがちだが、Ｂ２Ｂ事業においてもこの手法は有効である。さらにＢ２Ｂ事業の場合は、応用形として、顧客の顧客に着眼するというアプローチも有効である。Ｂ２Ｂにおける顧客企業は、自社の顧客のペインポイント、アンメットニーズを解消することに強い関心を持っているため、そこに着眼したソリューション、サービスを提供できれば、新規事業の機会になるので、顧客の顧客ニーズに着眼するというのも重要な視点となる。

定石②シードから発想する

これは、ニーズ発想アプローチとは正反対で、企業が保有しているもの、すなわち技術やアセットなどを活かして、どう新しい事業機会を見いだせるかを発想するアプローチである。最も典型的なものは保有技術であり、多くの例を挙げることができるが、かつてカメラメーカー各社が保有する技術、ノウハウを活かして、事務機器事業やヘルスケア事業

図表Ⅱ-2-2　鉄道会社の主要アセットイメージ

❶鉄道事業系	❷ユーザー系	❸オペレーション・技術系	❹人的資源系	❺財務系	❻信用力系
駅	各種ユーザー接点	鉄道運営・管理ノウハウ	質の高い人材	キャッシュフロー	ブランド
車両	ユーザー滞在時間	周辺業務遂行ノウハウ	関連会社	購買力	公共性
鉄道ネットワーク	ユーザー行動データ	鉄道関連特許	⋮	⋮	アライアンス力
土地	沿線情報	⋮			⋮
⋮	⋮				

出所：ボストン コンサルティング グループ分析

に乗り出していった動きが好例である。

企業が保有しているもの、アセットというと、技術などのハードなものを想起しがちだが、企業が保有するアセットは実際には幅が広い。例えば、広範囲に事業を営み、多くのアセットを保有している企業として鉄道会社がある。そのアセットをやや単純化して考えてみると、図表Ⅱ－2－2のように整理できる。

この中で、駅や土地はハードアセットで目に見えるため、保有しているという自覚もあるし、何に使えるのかと考えやすい。実際、多くの鉄道会社では、駅や保有している土地をベースに、駅周辺での小売業など様々な新規事業を展開している。

一方で、きわめてソフトなものとしては、鉄道利用者が駅で電車を待っている時間、電車に乗っている時間も含めて、ある意味で、鉄道会社が乗客を拘束している時間も、鉄道会社のアセットと考えることができる。時間と人数を掛け合わせると、非常に大きな時間を保有しているとも言える。そのアセットを有効に使って事業ができないかと考えられたのが広告事業であり、さらに昨今進んできているのは、デジタル広告やサイネージを使ったビジネスだろう。昨今見られるようになったタクシーの車内のディスプレーを使った広告ビジネスも、発想は同じである。

そのようなユーザー接点に加えて、鉄道会社は、乗降客、沿線住民、沿線企業などに関して、膨大なデータ、情報を保有しているし、工夫によっては、今より多くのデータを集めることができるだろう。すでにそのようなデータを活用して新しいビジネスをスタートしたり、検討に着手したりしているが、本格的な利用、マネタイズはこれからと言われている。このような鉄道会社のアセット利用の例からは、保有しているアセットを明確に意識した上で、どう使いこなせるかに徹底的にこだわっていけば、新規事業の発想を拡げていけることがわかる。

アセットにこだわるという観点では、今、送り出している製品などの可能性にこだわり、新しい事業機会を見いだしていくことも重要である。例えば、普及が進んできたスマートウォッチは、基本は時計とインターネットへの接続端末の融合したものというのが出発点である。しかしながら、コロナ禍の影響もあり、消費者の健康への関心の高まりの中で、ヘルスケア端末という新しい側面が注目されつつある。

確かに、腕時計ほど、体に長時間密着しているものは少なく、そこにセンサーが内蔵されれば、最も汎用的な健康機器になり得るし、その延長線上に新しい健康管理ビジネスを発想することもできる。単に時計を売るという発想から、最も体に密着して状態を把握できる端末を売っている、その端末を利用してサービスを提供する、というように、拡大解釈ができれば、アセットを駆使した新しい事業機会を見いだせる。

定石③川上、川下領域での機会を再確認する

これは、既存事業のバリューチェーンを鳥瞰して、既存事業の川上、川下領域への参入、すなわち、現在手がけている事業から周辺領域へ染み出していくことを検討するという手法である。「定石①ニーズ発想」「定石②シード発想」と重なる面もあるが、やや視点が異なるので、事業機会を見落とさないようにするために利用したいアプローチである。

具体的には、図表Ⅱ-2-3のように、現在のバリューチェーンを書き出してみて、機会を検討していく。川上、川下領域に関しては、隣接領域として事業の概要は理解しているものの、どれくらいの収益規模＝収益プールがあるのか、どれくらい魅力度が高いのか、

図表Ⅱ-2-3　バリューチェーンレビュー（製品Xの場合）

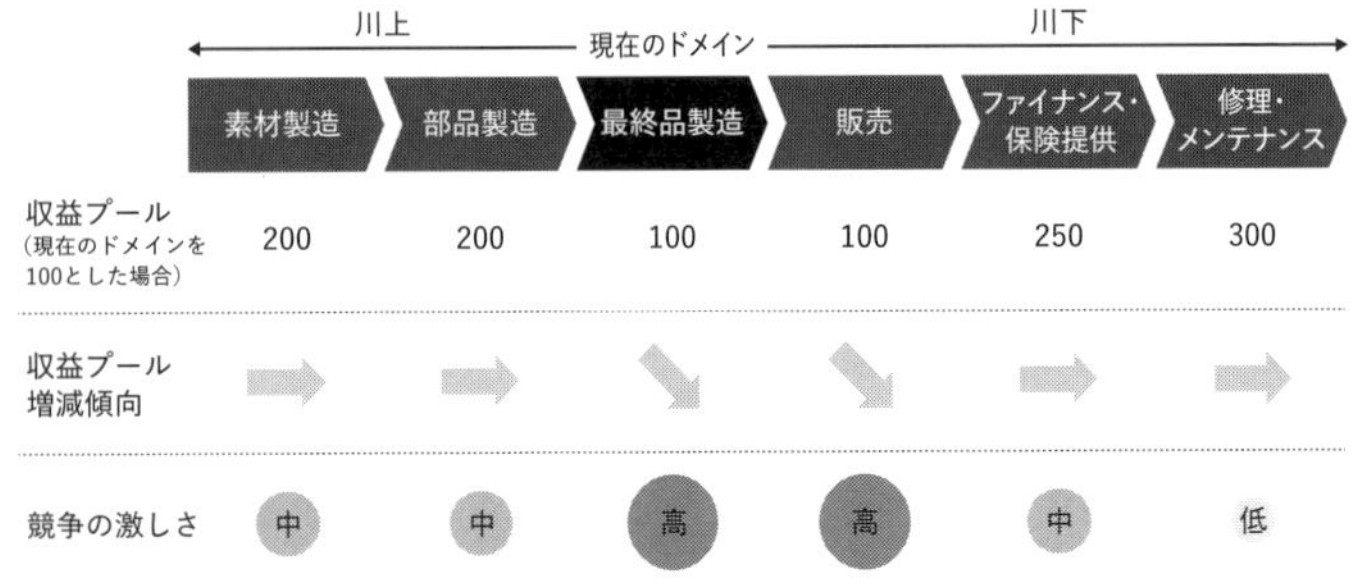

出所：ボストン コンサルティング グループ分析

については理解が十分でない場合もある。

例えば、図表Ⅱ－2－3の製品Xのケースでは、自社のドメインである最終製品の製造領域における、業界全体としての収益プールは意外に低水準かつ低減傾向である。一方、川上の部材の領域や川下のサービスなどの付帯領域は、収益プールが高水準、安定的であり、経済的には魅力的な事業であることがわかる。そうなると、自然な発想として、その領域に染み出して利益を取り込むことを検討すべきということになる。

ただし、川上、川下のような隣接領域に関しては、近いが故に、参入しやすく、優位性を築きやすいように思えるが、想定よりもハードルが高いことが多い。例えば、近接領域とはいえ、一般的には、ビジネスの性質が異なっている。

図表Ⅱ－2－3のケースでは、現在の自社のドメインは製造業であるが、川下の付帯ビジネスはサービス業であるため、必要な組織能力がかなり異なる。また、川上の部材のところも、同様に違った組織能力が必要になる。

さらに参入の仕方によっては、現在良好な関係を保持している川上、川下のプレーヤーとライバル関係になってしまう場合もある。いざ、川上、川下の領域に出て事業を拡張させようとすると、現在のドメインでの競合企業を顧客としなくてはならない状況も発生しうる。そうなってくると、既存事業への影響をしっかりと考える必要が出てくる。

このようなハードルがあることもあり、既存事業部門は、周辺領域への参入に関して検討をしつつも、ネガティブである場合が少なくない。しかしながら、事業環境は日々変化しているため、あるときに参入機会としては見送った事業も、時間の経過とともに魅力度が上がっていく可能性もあり、既存事業への影響を考えつつも、周辺領域での事業機会を検討するべき局面もある。

また、後述するが、昨今は、バリューチェーンの隣接領域を組み合わせて、新しいビジネスモデルをつくることによって、従来とは違った付加価値を提供するビジネスを構築することも可能になってきている。したがって、既存事業部門とは違った目線から、川上、川下領域の事業機会を定期的に見直していくことが重要になっており、定石の一つとして頭に入れておきたい。

定石④環境変化、トレンド、社会課題から発想する

ニーズ視点、シード視点、川上・川下への拡張視点から事業機会を発想することは、非常によく使われる有効な方法だが、現在の顧客・市場や、現在の企業の保有アセットに立脚している面が強く、発想の跳びがやや小さくなる可能性もある。そこを補えるのが、自身の立ち位置、状況からやや離れて、世の中全体の変化、トレンド、社会的課題に着眼して機会を発想する方法である。

世の中の変化、社会的課題への着眼は、変化点や社会の悩みの種となりつつある課題にビジネス機会が潜んでいるという考え方が出発点になっている。

具体的な工程としては、最初に、世の中の変化、トレンド、社会課題を列挙し、その後、それぞれの要素は自社にとってどんな機会になりうるかを考えていく。

最初の工程の、世の中の変化、トレンド、社会課題の列挙というと広すぎて、雲をつかむような話になるが、いくつかの要素に分解してみると、全体像をつくることができる。

図表Ⅱ-2-4　主要な環境変化・メガトレンド

社会

人口動態
- 世界人口増加／先進国人口減少
- 高齢化社会の到来
- ミレニアル世代とZ世代の台頭

⋮

社会構造
- 格差と不平等の拡大
- 中産階級の凋落
- ダイバーシティ推進
- 都市化の進展

⋮

消費者
- 経済以外の豊かさへの希求の高まり
- 健康、ウェルビーイングへの関心増大
- 地球温暖化、サステナビリティへの意識向上
- 個人情報漏洩リスクへの意識の高まり
- 所有から利用への行動シフト

⋮

国際関係・政治

国際関係
- 米中対立の激化
- 経済安全保障意識の高まり
- 自国優先主義の拡大
- 世界の多極化
- 地域紛争の増加
- 経済成長地域の移動
- 先進国／途上国の関係性の変化
- 移民・民族の多様化
- 宗教の影響力の高まり

⋮

政治
- 政府の役割の増大／縮小
- 財政赤字基調の恒常化懸念増大
- 政権の不安定化リスク増大
- ポピュリズムの台頭リスクの高まり

⋮

経済

経済・企業
- 企業市民としての責務の増大
- サプライチェーン強靭化ニーズの高まり
- データ活用の本格化
- ビジネスモデル変革の重要性増大
- 脱炭素対応、サステナビリティ対応の加速化
- 人材、労働力の獲得競争激化
- M&Aの活発化
- アライアンスの重要性増大
- サイバーセキュリティリスクの増加
- 宇宙／海の商業化

⋮

環境・エネルギー
- エネルギー資源の獲得競争激化
- 再エネ需要の高まり
- 自然災害の増加
- 水／食料などの資源不足の深刻化

⋮

技術

システム・情報科学
- デジタル化、AI化の進展
- データとアナリティクスの重要性増大
- 仮想世界（AR／VR他）の台頭
- 量子コンピューターの本格出現
- スマートシティ&インフラの台頭

⋮

ライフサイエンス
- 遺伝子技術の進化
- 医療技術の進化
- 脳科学とデジタルの融合

⋮

その他
- 再エネ技術の進展
- 環境保全／改善技術の革新
- 新素材・代替品の台頭
- 宇宙産業関連技術の進化

⋮

出所：ボストン コンサルティング グループ・データベース

例えば、図表Ⅱ－2－4は、世の中全体での代表的な環境変化やメガトレンドを整理したものである。社会、国際関係・政治、経済、技術という大カテゴリーに分けるところからスタートし、それぞれをさらに中カテゴリー、小カテゴリーと分解していくと、注目すべき変化の要素が見えてくる。

図表Ⅱ－2－4は、世の中全体からスタートしたが、世の中全体だと大きすぎる場合は、同様な頭の使い方

で、自身の業界や顧客層に絞って、潜在的可能性のある環境変化やトレンドを考えてみればよい。変化という観点では、顧客の変化、競争原理の変化、新技術の出現、規制の変更、業界再編の可能性あたりを足掛かりに考えていくのが有効だ。この工程では、すぐにビジネスアイデアを思いつくかどうかを気にしすぎず、まずは変化する要素を並べてみることが重要だ。

次の工程では、並べた変化点、要素の一つひとつを新規事業探索という視点から凝視してみる。そうすると、普段はあまり意識していなかった要素が自社にとっての機会として浮き上がってくることがある。

例えば、世の中で宇宙ビジネスが注目されているというトレンドは、日常生活で新聞などでは見かけつつも、強い関心を持たずに通りすぎてしまうかもしれない。しかしながら、重要なマクロトレンドとして改めて提示される中で、今一度自社への意味を考え直そうとすると、宇宙ビジネスは、単に、ロケットで衛星を打ち上げることに関連する企業に閉じた特殊なビジネスという段階から、安価に打ち上げられる衛星を使って得られるデータを使ったビジネスが広く出現し始める黎明期にあり、多くの企業が機会を探っていることがわかる。

そのあたりを考慮に入れると、見逃していた自社にとっての機会が見えてくることがある。そのため、一見関係なさそうなものも、関係あるかもしれないとして、柔軟な頭で見つめてみることが肝要である。しかし、森羅万象の変化、トレンドを細かく追っていると時間がいくらあっても足りないので、拡大解釈すれば自社のドメインにかすりそうなところに目星をつけながら、重点的に考えていくようなバランスも大切である。

定石⑤ビジネスモデルの革新から発想する

新事業の構成要素をあえて単純化して、

ⅰ機会の発見（「誰に」「どのような価値提供を」）×ⅱ解決策の考案（「どのようなビジネスモデルで」）

と考えると、今まで見てきた定石①〜④は、「ⅰ機会の発見」にやや比重がある。一方で、より「ⅱ解決策の考案」に比重を置き、従来とは異なる方法、発想で、顧客に新しい付加価値をつくり出しつつ、儲けの仕組みを入れ込むのが、ビジネスモデルの革新、ビジネスモデル・イノベーションである。

ビジネスモデル革新の典型例が、ダイムラーの「トラックではなくキロメーターを売る」

ビジネスモデルである。ダイムラーの商用車部門は、メーカーとして、トラックを売ってきた。しかし、よく考えてみると、トラックを購入する顧客企業は、モノとしてのトラックがほしいのではなく、トラックを使ってものを運びたいのであって、極論すると、そのために渋々トラックを買っているのかもしれない。そこに目をつけて、ダイムラーは、トラックを売るのではなく、走った量に応じて支払ってもらうモデル、つまり、キロメーターに対して課金をする＝キロメーターを売る、という形のビジネスを考案した。

顧客企業はモノとしてのトラックを買う必要はなく、また、燃料、保険料、整備、メンテナンスに関わる費用なども払う必要はなく、純粋に、トラックを使ったときにキロメーターあたりの利用料を払えばよいことになる。反対に、ダイムラーは、燃料や保険料をいかに低減させるか、整備やメンテナンスに関わる費用をどう最小化するか、についてあらゆる工夫をして総コストを低減させるとともに、トラック自体を資産として持ちつつ、稼働率が高い顧客にこのスキームをオファーするという、今までと全く違う努力をする。

ダイムラーはリスクも取るが、うまくやっていけば得るものも大きくなるし、今まではうまくカバーできていなかった顧客を見つけられる可能性もある。トラックを軸としてビジネスを考えるというところは従来と変わりがないが、ビジネスモデル革新によって、モノ売りから、サービス事業に移行するという、全く違う領域に踏み込んでいる。

キロメーター売りに近い発想のビジネスモデル革新の例として、個人顧客向けのカーシェアビジネスも挙げられる。

長らく、個人消費者にとっての常識は、自動車は保有するものであり、それを使って移動するという価値を得ていた。もちろん、個々人によっては、高級車や、自分のライフスタイルに合った車を保有することの満足感や自己表現なども重要な要素であるが、基本は、移動するために車という道具を買う必要があった。そのモデルをやや変形させたのが、レンタカーであり、車のリースであったが、これらは、「ある期間の車の所有権を貸すので、それを使って移動してください」という考え方であり、保有モデルと利用モデルの中間段階と言える。

一方で、カーシェアは発想が違い、ユーザーへの本源的価値にこだわり、移動という価値を提供するというところに力点を置き、車に関しての一時的な所有権を貸与するのではなく、「車の利用」＝「移動ニーズを満たす」に焦点を当てる。会員向けという形をとりながら、利用する際のプロセスをきわめて簡単にして、ユーザーは、思いついたときに、好きな時間だけ、移動手段を得られるようにしている。

では、なぜ、今、カーシェアのようなモデルができて、例えば30年前には実現できなかったのであろうか。このスキームは、インターネットの利用の拡がり、スマホの普及、世の中での保有から利用へという風潮の高まり、などの諸条件があって初めてできるものである。すなわち、今だからこそ実現できるビジネスモデル革新なのである。となると、この先の技術やインフラの進化、社会の潮流によっては、同じような領域で、もっと違った形、進化した形も現れうる。

よく言われるものとして、自動運転時代のロボタクシー、無人タクシー構想がある。2030年代あたりに自動運転の技術が十二分に成熟し、かつ種々の規制が緩和され、社会的に無人の運転が許容されるようになれば、人々は車を保有することなく、思いついたときに車をスマホなどで呼ぶと、どこからか無人の車が迎えに来て、希望の場所に連れて行ってくれ、人々が降りた後は車はどこかに帰る、という世界がくると言われている。

要は、人々は車を運転することさえせず、駐車場の心配からも解放され、純粋に、移動するという価値提供を得られる。うまくビジネスモデルを組み立てれば、人件費の負荷が少ない設備産業なので、有人のタクシーと比較しても、かなり安価に利用できる可能性もあり、そうなると、顧客も頻繁に使うことになり、移動に関しての常識も変わるだろう。

ここまで見てきたように、ユーザーが求める本源的な価値にこだわりながら、従来の方法に縛られない形で製品やサービスを提供しようとすることで、すなわちビジネスモデルを大きく革新することで、次元の異なる新サービス、ビジネスを編み出すことができる。特に、昨今は技術の進化が加速し、新しいインフラも次々に登場し、ユーザーの常識や考え方も短時間で大きく変化するようになってきているため、これからはビジネスモデル革新をしやすい環境になってくる。よって、現在あるビジネスから、ビジネスモデル革新によって、全く違うビジネスを創造できないかという発想をすると、新規事業の構想に幅を持たせることができるだろう。

定石⑥他者のアイデアをベースに発想する

今まで見てきたアプローチは、自らの頭を働かせて機会を探索するアプローチであるが、頑張ったとしても、漏れなく機会を見いだせるかはわからない。その際に、他のプレーヤーも同様のことをしていて、良い事業機会を見いだしているかもしれないと考え、その取り組みなどから、発想やヒントを得ることが有効である。

最初に注目すべきは、競合他社である。日ごろ、既存事業において競っている競合に関しては、情報を集め、対抗策の策定などの参考にしていると思うが、競合他社の新規事業の取り組みに関しては、必ずしも体系的に情報を追っていない、あるいはあまり深く解釈していないことも多い。そのため、新規事業探索の折には、今一度、虚心坦懐に、競合はどんな発想で何をしているのかを確認し、ヒントを得ることが重要である。

競合の真似をするのは、抵抗があるかもしれないが、それぞれの持っているアセットが異なるので、一工夫したものを世に出すことはできるし、そうすれば、世に新しい価値提供をすることができる。仮にほぼ同じようなものになっても、それぞれが自身の既存の顧客向けに、クロスセルをしていくような事業の場合は、顧客への追加的な付加価値提供と割り切って真似をした事業をしてしまえばよい。逆に、競合企業の新規事業が、自社の既存顧客をロックインしてしまう可能性があるならば、先立って対抗策として新規事業を展開しておく必要もある。

また、同じ業界ではないが、やや似た傾向がある業種の新規事業への取り組みも参考になることが多い。例えば、金融機関はもちろんだが、金融機関以外の多くの企業がクレジットカードビジネスを手がけている。その中でも、広いユーザーを対象にサービス業を展開していて、かつ競合企業との競争が激しく、できるだけ顧客を囲い込むためにポイント制度などを導入しているような業種は、カード事業に力を入れている。航空会社が典型例であろう。

航空会社は顧客の囲い込みのために、いち早くマイレージを導入してきたが、マイレージとカードビジネスを組み合わせることによって、マイレージがたまりやすくなり、ベネフィットを受けやすくなるという魅力をテコに、カードビジネスと本業に一定の効果を得たとされている。

これは、競争が激しく、かつポイント制度を活用している携帯電話会社にもヒントになった。今や携帯電話会社においてカードビジネスは本業の一つに成長し、かつ本業の顧客囲い込みにも寄与しているので、典型的な新規事業の成功例になっている。携帯電話会社が、航空業界あるいは小売業界でのカードビジネスを研究し、自身のモデルに昇華させた結果である。競合のみならず、似ている面のある他業界は、事業アイデアの宝庫とも言える。

さらに、海外の同業者、もしくは類似業界の取り組みもヒントになる。少し前に、海外でうまくやっているものをいち早く国内に取り込んでいくというモデルがタイムマシン経営と言われてきたが、インターネット時代とはいえ、海外での先行事例の情報をタイムリーに把握し続けられる企業は少ないので、有効な手段と考えられる。また、かつては、米国でイノベーティブなことが起こり、それを参考にしていけばよいという風潮があったが、最近は、中国はもちろん、東南アジアなどでも新しいビジネスの発想が多く見られる。インドも今の活力を考えると、今後は注目すべきである。

これからは、より広く海外を見ていくと良い発想を得られる可能性が高まるので、海外の動向に従来以上に目を光らせていくことが差別化の源泉になる。

やや跳んだ発展形としては、未来像を提示するＳＦ映画から発想を得るという方法も有効である。ハリウッドのＳＦ映画では、未来を見据えることに秀でた技術者や専門家の知見をベースにつくられた未来社会像を提示しているので、かなり緻密であるとされる。

例えば、ＳＦ映画の古典とされる『２００１年宇宙の旅』には、当時の目線から多くの未来像が提示され、それらが現実化している。その中にタブレット端末を利用する場面があり、技術面のみならず、利用シーンも言い当てている好例とされている。現在のように技術の進化が加速している局面では、将来社会の想定から事業機会のヒントを得られることも増えるので、ＳＦ映画なども含めた将来社会の想定は、事業アイデアを得るソースの一つになりつつある。

以上見てきたように、他者のアイデア、発想を借りる方法はいろいろあるし、参考になる。真似をするというと後ろめたさを感じるかもしれないが、ヒントを得るというポジティブなスタンスで、積極的に活用していくべきであろう。

なぜいくつもの定石を使いこなすべきなのか

事業アイデアにたどり着くための定石的なアプローチを見てきたが、定石を意識し、幅広く使いこなせれば、良い事業アイデアを見いだす確率は上がっていく。

例えば、欧米では、環境への負荷の小さい製品／サービスは消費者に訴求でき、差別化できるという風潮に着眼した製品／サービスが増えてきている。そのような好事例としてよく挙げられる企業に、素材にリサイクルが容易な天然素材を多く取り入れたスニーカーメーカーのオールバーズがある。オールバーズは、本国アメリカのみならず、世界、日本でも注目され、ファンも多い。履き心地のよさやカラーバリエーションの豊富さなど、製品として優れた点も成功の要素だろうが、地球環境にやさしいというアピールポイントが、今の時代における差別化につながっている。

このような事業アイデアは、既述した定石からすると、定石①の「ニーズから発想」から得られるかもしれない。顧客の環境への関心の高さを今の製品群が満たせていないことに着眼して、そのような製品を出すべきという流れである。一方でこのアイデアは、定石④の「マクロトレンド」における環境意識の高まりというところに着眼して、着想できるかもしれない。あるいは、定石⑥「他者のアイデアをベースに発想する」という視点から、他の業界が環境への負荷の小さいことを差別化ポイントにしながら成功しているということを知ることによって、このような着想に至るかもしれない。大切なことは、どのような発想、ルートからでもよいので、良い事業アイデアにたどり着くことである。多くの定石を使いこなせるようにして、良質な事業アイデアを多く得る確率を高めていくべきだ。

加えて、企業における新規事業探索においては、社内の議論の折に、提示している事業構想が良いアイデアであるとうまく訴求、説得することも大事である。マネジメントは、ある事業アイデアを前にして「広く事業機会を見たのか、他にもっと良いものはないのか」と問うことがよくある。事業アイデアの絶対値での評価よりも、相対的な評価、優位性を問うものであり、「確かに良さそうなアイデアだが、思いつきが並んでいるのではないか、もっと良いアイデアが本来はあるべきではないか」という議論である。

スタートアップ企業においては、事業アイデアはたった一つでも、それが絶対値を超えていて、それに賭けるという割り切りがあれば、他の可能性は見なくてもよいだろう。しかしながら、既存企業においては、ある程度の検討の網羅性を求めたくなる場合がある。網羅性というのは、聞こえはよいが、やり方によっては、いたずらに時間と労力がかかるものなので、本来あまりよい考えではない。しかし、よい塩梅での網羅性があれば、説得力が増すのも事実である。そのような観点から、「いろいろな角度、視点から、事業機会をしっかり見ました。その結果が、このロングリストです」と言い切るためにも、定石は広く用いた方がよい。

このように定石的アプローチを用いて、多くの、良さそうな事業アイデアをリストアップし、「ロングリスト」を作成できれば、このフェーズでの目的は達成されたことになり、次のフェーズに進めることになる。

3

フェーズ3：ショートリスト化

前フェーズで、事業アイデアの幅出しをし、候補事業のロングリストを作成できたので、このフェーズは、一転して、候補事業を1次選別してショートリスト化するプロセスになる。知恵を絞って抽出、幅出しした事業アイデアを取捨選別するのは辛いが、経営リソースの制約から、すべての候補について詳細検討をしていくことはできないため、より有望な事業を1次選抜して、詳細検討すべき候補と、これ以上掘り進めない事業に分類していく。

選別においては、2つのプロセスで対応するのが一般的だ。まず、スクリーニングのための評価基準を設定し、次に、個別事業候補をその評価基準から評価し、優先順位付けをしつつ、有望事業を特定していく。２つのプロセスに分けずに、すぐに個別事業の評価に進みたくなるが、まず評価のための基準＝ものさしをしっかり決めておかないと、多くの事業アイデアを適切に評価し、横並びで優先順位を付けることができなくなってしまうので、評価基準の設定をしっかりとすべきである。

プロセス①評価基準、ものさしを設定する

評価基準は、大きくは二つの要素から構成される。一つは、候補事業がその事業単体として成功するポテンシャルがあるかを判断する評価基準（「事業単体としてのポテンシャル」評価）である。もう一つは、候補事業が当初設定した新規事業で達成する目的、ゴールにどれくらい整合しているか、取り組み時に留意すべき制約に抵触していないか、など今回の新規事業取り組み条件への適合性の観点からの評価基準（「新規事業の目的や制約条件との適合性」からの評価）である。

１つ目の事業単体としての評価は、この時点では、「その事業の魅力度の大きさ（＝十分な市場規模・収益プールが見込めるか）」、「その事業を追求する上での自社の競争優位性の強

さ（＝しっかりと市場シェアを取れるか）」からなされるのが一般的である。「事業の魅力度」に関しては、事業あるいは当該市場の規模の潜在的可能性、成長性、収益性などが評価ポイントになる。「競争優位性の強さ」に関しては、その事業を手がける場合、競合企業に比して優位性を築き得るか、が評価基準になる。ただし、優位性については、その時点のアセットや実力を前提にするよりも、他の企業とのアライアンスや買収なども含めて、ポテンシャルに到達し得るレベルからの判断になる。

ここで注意したいのは、多くの企業が、「事業の魅力度」を重視しがちであることだ。極論すると、「事業の魅力度」ばかりを見て、「競争優位性の強さ」をあまり見ない場合もある。しかしながら、実際には、新規事業を成功させ、新規事業の目的を達成するには「競争優位性の強さ」の方が重要な場合も多い。要は、たとえ魅力的な事業機会であっても、自社でその機会を手に入れられるかの方にチャレンジがある場合が多い。魅力的な事業であれば、多くの企業が狙ってくるからだ。したがって、評価基準の設定の際には、「事業の魅力度」のみならず「競争優位性の強さ」をしっかりと組み込むことが肝要である。

２つ目の新規事業の取り組み条件への適合性については、本業へ戦略的な貢献をもたらすか、将来の人材育成に効果的かなど、候補事業の新規事業としての目的、ゴールへの適合性を評価するものと、事業として立ち上がるまでにどれくらいの時間が必要か、どれくらいの資源投入が必要か、本業へリスクをもたらすか、カニバリゼーションはないかなど、制約要因やマイナスの影響などをチェックするものからなる。目的への整合性が強くても、制約条件への抵触が著しい場合は候補にはならないので、多くの場合は、プラスとマイナスの要素を総合的に勘案して、適合性が高いのか低いのかを判断することになる。

プロセス②個別事業を評価し、優先順位を決める

基準を決めた後は、個別の事業アイデアを評価し、優先順位を決める段階になる。実践的な方法としては、まず個別の事業アイデアを①事業の魅力度、②競争優位性の強さの観点で評価していく。その後に、図表Ⅱ-3-1のように、4象限あるいは9象限のマトリクスに事業アイデアをプロットしていくと、優先順位が自然と浮き上がる。

つまり、①事業の魅力度、②競争優位性の強さともに高く評価される、aのカテゴリーに分類される事業アイデアは、基本は、次のフェーズでさらなる深掘りをして、より詳細にポテンシャルを見きわめていくショートリスト事業候補になる。一方で、①事業の魅力度、②競争優位性の強さともに、厳しい目の評価がつく、cのカテゴリーの事業アイデアは、

図表Ⅱ-3-1　優先順位検討のためのマトリクス例

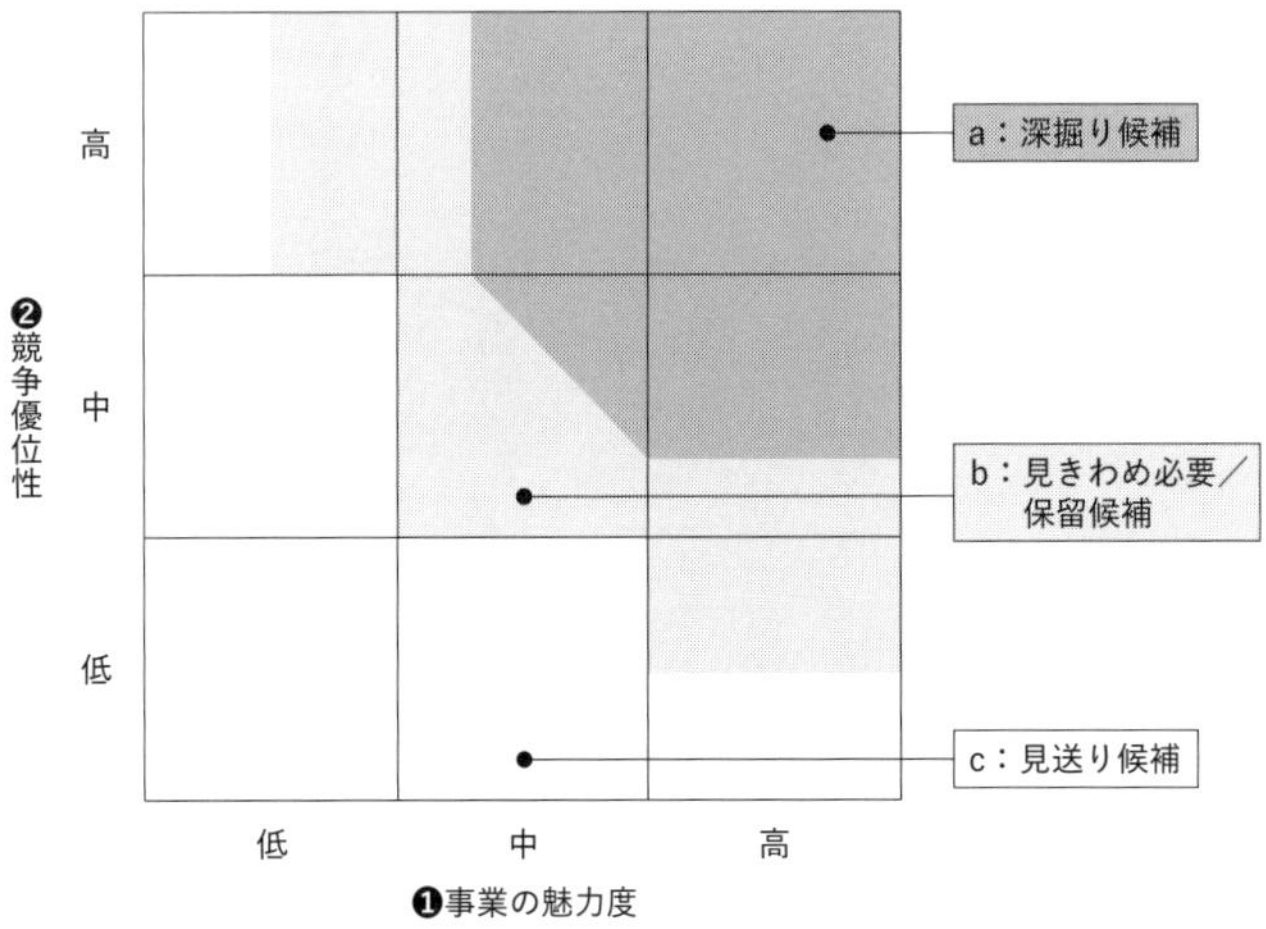

出所：ボストン コンサルティング グループ

事業単体の評価の段階では、これ以上追わない事業アイデアという結論になる。bのカテゴリーのものも、基本は追わない事業アイデアになる可能性が高いが、この段階では一旦保留となる。

このような「事業単体の評価」をした後に、「新規事業の取り組み条件との適合性での評価」を加えていく。

まず、カテゴリーaに関しては、基本的に進めるべき候補であるが、「新規事業の取り組み条件への適合性」に著しく抵触する場合は、降格も考えるべきである。たとえ成功確率が高そうな候補案件でも、事業の目的から外れている場合や、制約条件に抵触する場合は、諦めざるを得ない。

次に、カテゴリーbにあるものは、基本は追わないものと考えるべきだが、「新規事業の取り組み条件への適合性」がかなり高い場合は、次フェーズに進めて詳細化していくことにしてもよい。詳細化の過程で、事業の魅力度の見立てが変わる可能性もあるし、知恵を結集すると優位性を高める手段にたどり着く可能性もあるからだ。

一方で、カテゴリーcに分類されたものは、「取り組み条件への適合性での評価」が高くても、ショートリスト事業へ格上げすることは難しい。

評価後の微調整

前述のような評価基準の設定、その後の評価、優先順位付けによって、次のフェーズに進むべき、ショートリスト化された事業を決められるが、ときに選ばれた事業が少なすぎたり多すぎたりすることがある。

多すぎる場合は、基準が緩い、あるいは個別事業の評価が甘いかもしれないので、双方を見直して、事業アイデアを絞るのが一般的である。この段階では、さらなる深掘りに向けてのリソースの制約を鑑みてのスクリーニングなので、絞ることは比較的簡単である。

逆に、事業アイデアが少なすぎるときは、基準や評価がきつすぎないかを見直す可能性もあるが、むしろ、今一度前のフェーズに戻り、さらなる事業アイデアを探りにいった方がよい。このフェーズでのスクリーニングは1次スクリーニングにすぎないので、ここでの生き残りが少なすぎるなら、事業アイデアの幅出しが十分でないと考えるべきである。

いずれにしろ、このフェーズにおいて、深掘りすべきアイデアを俎上に載せることができたので、次は、事業プランの詳細化のフェーズに移ることになる。

4

フェーズ４：事業化詳細検討

事業プランに必要な要素

このフェーズでは、ショートリスト化された事業アイデアに詳細な検討を加えて、アイデアレベルを超えた事業プランに昇華させていく。この後は、その事業プランをベースに着工するか否かの意思決定をするので、着工ステージにおいてはきわめて重要な最終直前フェーズである。事業プランをどのような書式やフォーマットでまとめていくか、必要な項目をどの順番で語っていくのか、などについては、企業ごとのしきたりや好みもあり、様々なバリエーションがあるが、着工への意思決定に関しては以下の項目の問いに答える事業プランを準備する必要がある。

①目の付けどころと目指す姿
・どのようなことに目を付けて、この事業を発想し、何を目指すのか
②事業概要
・事業を一言のコンセプトで言い表すとすると、どうなるか。そのコンセプトに基づき、「誰に」、「どんな付加価値を」、「どうやって提供する／収益化する」事業を想定しているのか
③事業性
・事業は十分なポテンシャルがあるか。競争に勝算はあるのか。実現できるのか
④収益計画
・どれくらいのビジネスになるのか
⑤必要資源、リソース
・ヒト、モノ、カネはどれくらい必要になるのか
⑥想定リスクと対応策

・事業を進めていく中で、どのようなリスクがあり、どのように対応していくのか

⑦推進体制

・当面、どのような体制で事業に取り組んでいくのか

⑧事業展開ロードマップ

・中長期的にどのような事業展開をしていくのか。どのようなマイルストーンを想定しているのか

⑨当面のアクションプラン

・着工ＯＫの結論が出た場合、その後数カ月、どのようなアクションをとっていくのか

以上の全体像を頭に入れながら、それぞれの問いにどう答えていくのか、その際の留意点などにつき確認していきたい。

①目の付けどころと目指す姿：どのようなことに目を付けて事業を発想し、何を目指すのか

「どんな事業をやるのか」は最も重要な要素であるが、それを論じる前に、なぜ、今、私たちが、その事業に目を付けるのか、始めるのか、という背景や目の付けどころを共有し

ておかないと、マネジメントとの議論では、「そもそも、なぜそれをやるのか」、「なぜ今なのか」というそもそも論に戻ってしまうことがよくある。そこで事業の中身の前に、「こんな潮目やトレンドに着眼した」、「技術的成熟があり今が機会である」、「この領域では自社の強みを活かせることがわかった」など目の付けどころ、発想の原点から議論を始めると、判断する側にとって理解しやすい。

そうした背景を踏まえて、それぞれの事業で、何を目指すのか、何を達成するのか、を最初の段階で明示する。到達点に合意がなければ、そもそも始められないので、ハイレベルでのコンセンサスをとっておく必要があるからだ。

②事業概要：事業を一言のコンセプトで表し、「誰に」「どんな付加価値を」「どうやって提供する／収益化する」か、具体像を示す

ここは、ビジネスプランの心臓部にあたる。事業の詳細を記述する前に、まずは結晶化された「事業コンセプト」を示すことが大事である。シンプルに一言で「何をするのか、どんな価値提供をするのか、どんな特徴があるのか」を抽象度が高い形で表現する。事業を構成する要素を分析的、網羅的に含めているというよりも、この事業の肝となる重要な部分を研ぎ澄まして、感覚的に伝えることが大切だ。

事業コンセプトの好例としては、かつてのアップルの「ｉＰｏｄ＋音楽配信サービス」の事業コンセプトが挙げられる。それは、「１０００曲をポケットに入れる」という新しい音楽視聴スタイルを提案するものだった。ｉＰｏｄに先立つソニーのウォークマンは、音楽は室内で聴くという時代に「音楽を持ち歩く」、「いつでも、どこでも、手軽に音楽を楽しむ」という全く新しいコンセプトで世に投じられた。それも非常に優れたコンセプトであったが、アップルは、今の時代の技術、インフラをベースに、コンセプトを進化させて、大量の音楽をどこでも楽しめるという価値に結晶化させている。

そのほか、簡潔にビジネスの本質を言い当てている事業コンセプトの例として次のようなものもある。

コーヒーチェーン：「家でも、職場でもない、第三のくつろぎの空間を提供する」

ネットによる配車サービス：「ドライバーと利用者をマッチングして、利便性の高いモビリティ環境を提供する」

いずれも、どんなところに目を付けて、どんな価値提供をするのかを簡潔に表現している。しかしながら、実際には、しっかりとしたコンセプトが先にあるのではなく、最初はコンセプトらしきものが存在するものの、その輪郭は必ずしも明確でなく、事業を掘り下げて検討する中で、よりはっきりしてくる場合が多い。

そのようなコンセプトを提示し、事業のイメージを伝えた後に、事業の具体像を

（1）誰に×（2）どんな付加価値を×（3）どうやって提供する／収益化するのか
の要素に分けて、説明していく。

「（1）誰に×（2）どんな付加価値を」を示すところでは、（a）想定する顧客と、（b）提供する製品／サービス、それによって、顧客のどのような（c）ニーズを満たすのか、を具体的に示す。同時に、（a）想定顧客の（c）ニーズがリアルにあることを示す材料も必要だ。もちろん、この時点では、プリマーケティングでのリアルな成果や、製品のプロトタイプを示せる段階ではないので、確固たる証拠は出せない。しかしながら、ユーザー、営業部隊の声などを含めて、何らかの確信を持てる材料を示すことが重要だ。製品／サービスの提供者が確固たる自信を持っていなくてはいけないが、自信や気合いだけで、裏付け材料が乏しすぎると、サポートを得るのは難しいからだ。

一方で、「（3）どうやって提供する／収益化するのか」の部分は、どういうビジネスモ

デルを採用していくのかという問いに答えることになる。特定セグメントの顧客にフォーカスするとか、製品やサービスのユニーク性で戦うという場合は、基本は作ったものを売るという比較的単純な構造でのビジネスになるので、ビジネスモデルにあまり神経を使わなくてよい。

しかしながら、前章で見たように、近年は、インターネットの進化、アライアンスの広範化などもあり、同じようなビジネスでも様々なビジネスモデルがありうる状況になってきた。製造業でも、単にものを売るだけでなく、リースにする、従量課金ベースで使った分だけ払ってもらうようにするなど、売り方も多様化している。また、無料モデルなどはサービスの受益者と支払う主体が異なる構造をつくりあげている。したがって、事業をどのようなビジネスモデルで具現化するかという視点、一捻りがより重要になっているし、それをしっかりと示しておくことが必要だ。

では、良いビジネスモデルを組むには、何に注意すればよいだろうか。まず重要なのは、ユーザー、関連プレーヤー、自社を含めて、ウィンウィンになっていることである。提供する価値と受け取るベネフィットにどこかでバランスを欠いていたら、ビジネスモデルとしてはうまく機能しない。例えば、ユーザーには無料サービスはありがたいが、関連プレーヤーが、自社含めて対価としての何らかのベネフィットを得ていないと、モデル全体としては成立しない。優れたビジネスモデルは、関連プレーヤー間の互恵関係が必ず成立している。

また、他社が模倣しづらいモデルを組むことも重要だ。それは、必ずしも目から鱗が落ちるようなオリジナリティあふれるモデルを探索することではない。オリジナル性は模倣されづらいことの必要条件にすぎず、どこかに見られるモデルでも差別化でき模倣しづらい要素があるなら、それは優れたビジネスモデルとなる。

ここまで見てきたように、最初に事業コンセプトを提示して、直感的な事業イメージを頭に入れてもらい、その後、事業の具体像を、必要な要素をそろえながら、丁寧に示していけば、どんな事業をしたいのかが伝わるので、以降はやる価値があるのか、うまくいくのか、などに答えていく段階になる。

③事業性：十分なポテンシャルがあるか。競争に勝算はあるか。実現できるのか

事業性に関しては、（1）事業には十分な市場ポテンシャルがあるのか、（2）競争に打ち勝ってその市場ポテンシャルを手にできるか、（3）目指す事業は本当に実現できるのか、

に答えていく。（1）、（2）の問いについては、既に「ショートリスト化フェーズ」のところで一次的には答えを出しているが、この段階では、より確信を持てる材料を提示していく。

（1）市場ポテンシャルがあるか、については、基本的には、そのような顧客やニーズがあるのか、十分な大きさの市場があるのか、どれくらいのスピード、時間軸で大きくなるのかなどに答える必要がある。現時点である程度存在する市場、あるいはそれに近い市場や代替となる市場に参入するのであれば、今の市場規模、成長率から、比較的容易に想定市場規模などを言い当てることができる。一方で、全く市場が存在しない場合や、これから本格的に立ち上がる市場やニーズの場合は、推定が必要になる。

ここは、マクロの視点からの推定とミクロの視点からの根拠づけの組み合わせという合わせ技が有効だ。マクロの視点からは、新しい製品やサービスに近しいもの、同じようなユーザー価値を提供しているもの、代替になっているものを参考に、同様の性質の製品やサービスのビジネスの立ち上がりスピードの実績なども加味しながら、モデリングしつつ、市場サイズを推計する。

一方で、それにリアリティがあるかどうかは、テストマーケティングをして高い精度で確認する段階ではないので、ミクロ視点アプローチで顧客の声を集めながら、確かにありそうだという裏付けを加える。この段階では精度の高い証明まではできないが、合理的なマクロ推定と一定のミクロレベルの裏付けで、ある程度の納得性を担保していく。

（2）競争に勝てるのか、に関しては、ショートリスト化のところで大まかな優位性についてチェックしているが、この段階では、より詳細な確認が必要になる。定石としては、この事業で成功するための要件、ＫＳＦ（Key Success Factors）を洗い出し、自社が他プレヤーと比してＫＳＦの充足度が高いかどうかをチェックしていく。そのためには、まず候補事業で成功するために必要な組織能力、あるいはアセットは何かを列挙してみる。

　図表Ⅱ－４－１は、ユーザー向けコンテンツ配信ビジネスを想定した場合のＫＳＦ充足度比較表のイメージ例であるが、そのⓐの部分、すなわち縦に並べたものに相当する。その上で、特に重要なもの、Ｋｅｙの中でもＫｅｙになる重要要件を特定しておく。

　次に、それらの要件を自社がどれくらい満たしているかの自己評価をする（図表Ⅱ－４－１のⓑの部分）。この要件を多く充足していれば、事業を成功させる確率が高いと言える。一方で、充足といっても、重要要件の充足はより大切なので、全体としての充足項目が多く

図表Ⅱ-4-1　KSF充足度比較表イメージ例

ⓐKSFの洗い出し・特定	ⓑ自社評価	ⓒ競合評価・比較		ⓓアライアンス時評価
必要ケイパビリティ・アセット	自社	A社	B社	自社+C社
[ユーザー集客力・基盤]	✔✔✔	✔✔	✔	✔✔✔
B2Cサービス構築・進化力	✔✔✔	✔✔✔	✔	✔✔✔
[コンテンツ収集力]	✔	✔	✔✔✔	✔✔✔
B2B2Cプラットフォーム構築力・運営力	✔✔	✔	✔✔	✔✔✔
データ分析力	✔	✔✔	✔	✔✔✔
アライアンス力	✔	✔	✔	✔✔
資金力	✔✔	✔✔	✔	✔✔

□：重要な要件

出所：ボストン コンサルティング グループ

ても、重要要件の充足度が低いと、成功確率が高いとは言い難く、注意が必要だ。

自己評価の後は、想定される競合プレヤーの充足度を評価してみる（図表Ⅱ―4―1のⓒの部分）。自己評価が高く見えても、競合企業がより高い充足度であれば、相対的に優位性は低くなってしまうので、競合の充足状況をしっかりと評価することが大事である。当然のことながら、自社よりも他社の状況についての情報は少ないので、合理的な推定も含めて客観的に評価していく。

他社の評価をした後には、全体を俯瞰して、自社の優位性が十分なのかを見てみる（図表Ⅱ―4―1のⓑとⓒの比較）。仮に自社の優位性が総合的に高いと判断した場合でも、アキレス腱となりうる補強すべき項目がないかをしっかりと確認しておくことが大切だ。もし、優位性が十分ではなさそうだという場合は、弱い項目をアライアンスなどで補う打ち手を検討し、その場合の評価も加える。

例えば、図表Ⅱ－4－1のⓓの部分は、自社では十分な優位性を築けていない状況と判断したとしても、追加的にアライアンスを実施し、他社と比較して高い優位性を獲得できるという打ち手が記載されている。このような作業は、やや面倒ではあるが、勝てる可能性をしっかりと示すとともに、冷静に優位性を検証できるので、対応しておきたい。

（3）目指す事業は本当に実現できるのか、については、（i）事業の実現に向けてのハードルを洗い出し、（ii）そこへの対応策、（iii）解決の見込み、を示して、勝算があると主張するのが定石になる。（i）ハードルの克服は、（1）の市場の見立てや、（2）競争して勝てるか、という要素以外の、成功に向けて満たさなければならないアイテムである。

具体的には、規制に触れないか、技術的な課題をクリアできるか、他社の特許に触れないか、などが挙げられる。ユーザーがいるのか、という問いは（1）の話であり、アライアンスが組めるのか、は（2）で答えるべき話であるので、それ以外の、ある種のノックアウトファクターの確認と言える。この段階では、１００％の証明は無理なので、ポテンシャルリスクを飲めるくらいに対応策を明確にすることが目標レベルになる。

このように、（1）市場ポテンシャルと（2）優位性を区分しながら、それぞれのポテンシャルをしっかりと提示し、（3）実現性を説得力のある形で示すことができれば、事業性は十分であることを主張でき、さらなる問いに進むことができる。

④収益計画：どれくらいのビジネスになるのか

新規事業で将来を見通すのは非常に難しいが、着工を起案するのであれば、推定を含むとしても、収入、コストの両面を意識した、数年にわたる収益計画を示すことが必須である。一方で、この段階では、種々の前提や市場の見立てなどを含めて推定部分も多く、数字の精度は十分に高いとは言い難い。そのため、ベースとなる計画を策定しつつも、いくつかの前提や見立てとなるパラメータに幅を持たせて、悲観ケース、楽観ケースなど、幅を持った複数のシナリオを提示するのが有効である。マネジメントからすると、ベースプランを理解しつつも、悲観ケース、楽観ケースを覚悟した上で、前に進むべきかを判断できるようになる。

実際、新しい市場を創造する場合は、この段階でベースプランを説得力を持って精度高く言い切ることは難しい。また、悲観と楽観の二極に振れやすい、振れが大きいハイリスク・ハイリターンのビジネスであることも多い。したがって、計画に関しては、ベースプランを示しながらもシナリオで幅を共有することで、ベースプランの精度や信憑性をめぐって変に議論が紛糾することも回避でき、建設的な議論につながりやすい。

収益計画は、収益的な側面、ＰＬ的な観点が主になるが、ＢＳ、キャッシュフロー的な側面への目配りも必要だ。ただし、このステージにおいては、まだ十分堅い見立てを作れる前の段階なので、ＢＳやキャッシュフローについては簡略化した対応に留めることが多い。もちろんビジネスモデルによっては、大きなアセットを持つ場合などがあり、そのようなときは、ＢＳ的な側面もしっかりとした議論が必要である。

⑤必要資源、リソース：ヒト、モノ、カネはどれくらい必要になるか

着工に向けては、事業推進に必要なヒト、モノ、カネの議論は避けて通れないので、どのような資源、リソースがいつ必要なのか、どうそれを獲得するのか、を明示する必要がある。

ヒトに関する問題の中で、当面のコアチームをどんな人員で進めていくかについては、

固有名詞も含めての議論となるため、「⑦推進体制」で扱う。この項目では、事業を進めていく中で、中長期的にどのようなタイプの人材が、どれくらいの量、必要になってくるのかという、よりマクロ的な問いに答えていく。「必要なタイプ×人数」の推移を示していくことが中心になるが、加えて、次のようなことについても、事業の実現性に関わる問いになるので、しっかりと答えていく必要がある。

- 自社にいないタイプ／能力の人材を、どの時点で、どれくらい必要とするのか
- それらの人材をどう獲得していくのか

特に、どう獲得するかは、具体的な対応案がないと、絵に描いた餅に見えかねない。理屈上は、（1）社内から掘り起こす、（2）社内人材を教育して戦力にする、（3）外から雇う、（4）どこかのプレーヤーと組んで供出してもらう、などが考えられるが、それぞれに難しさがある。「（1）社内からの掘り起こし」は、欲しい人材は既存事業でのコア中のコア人材で新規事業チームに簡単に出せないことが多い。「（2）社内人材の育成」は想定よりも時間がかかり、思ったような適性がない場合もある。「（3）外からの雇用」は、タレント争奪戦の時代に適切な人材を自社に招くのは、想定するよりも難しい。さらに、折角

採用しても、うまく融合できずに、すぐにやめてしまう例も少なくない。「（4）外部プレーヤーの活用」は、アライアンスをうまく組めるかによる。それぞれの難しさを理解した上で、実現性の高そうな対応案を準備する必要がある。

モノ・カネにおいては、「③事業性」で議論したＫＳＦにおける組織能力や必要アセットをどう獲得するかという問いに答えることが重要だ。成功に必須で、簡単に手に入れられない場合は、アライアンスにより他社から調達することになるので、この項目で、アライアンスプランの概要を提示していく必要がある。流れとしては、次のようになる。

- どんな組織能力、ノウハウ、アセットの補完が必要なのかを特定し、
- それらを保有している候補プレーヤーをリストアップし、
- その後、候補プレーヤーを評価、比較し、本命、次点先などを明示する

候補先の評価、比較にあたっては、評価項目を決めて、評価していく。項目としては、

- 候補先は、補完すべき組織能力、ノウハウ、アセットを保有しているか

が最も重要な項目になるが、それに加えて、以下の項目などが挙げられる。

- 候補先がアライアンスを前向きに検討してくれそうか

- ケミストリーが合いそうか。カルチャー的にある程度フィットしていそうか
- 他の事業への影響があるか

補完すべき組織能力をしっかり保有し、相手の事情からアライアンスに前向きな有力候補がいても、企業カルチャーがかなり異なり、ケミストリーが合うか懸念がある場合もある。そのような相手とは長期的な協働関係を築きにくく、アライアンス候補としては高く評価しづらいということになる。そのため、総合的に候補先の優先順位を決めていくことが重要だ。候補先を本命、次点先と特定した後は、本命との提携に向けての交渉戦略を構築していくが、交渉の状況によってどう次点候補に働きかけるのか、などのプランBを明示しておくことも重要だ。

アライアンス実現に向けての最重要キーワードも「ウィンウィン」である。アライアンス相手の目線から「得るもの＞出すもの」、こちらの目線で「得るもの＞出すもの」になっていて、互恵関係が成立している必要がある。また、一緒に大仕事をするという理念の共有も重要であり、ここがないと、道中コンフリクトがあった場合に、一挙に協力関係が瓦解してしまう。

いずれにしろ、現在のような大変革期においては、自社での事業展開にこだわると、スピード、能力、いずれの観点からも成功はおぼつかず、単独で必要な資源、アセットをそろえようとするのは現実的ではない。いかにアライアンスを効果的に取り入れていくかは、成功の鍵の一つになる。

⑥想定リスクと対応策：どのようなリスクがあり、どう対応していくのか

事業そのものがうまくいくかという事業リスクは、事業プラン自体がその答えとなっているので、この項目で答えるものではない。ここでは、事業を行うことによって、自社にどのような新たなリスクが生じるか、それをどうマネジメントしていくか、という問いに答えることになる。新規事業は、既存事業とは性質が異なる事業であるため、従来とは異なるタイプのリスクを潜在的に抱える可能性がある。そのため、それらのリスクを洗い出し、リストアップすること、そのリスクへのしっかりとした対応策を明示することが、ここで求められることになる。

例えば、ＰＡＲＴⅡ「フェーズ2」の定石⑤ビジネスモデル革新のところで述べた、製品を売り切るのではなく、サービスの利用量・時間に応じて課金するような新しいビジネスモデルを採用する場合は、資産を保有するという新しいリスクにさらされることになる。

また、顧客企業の事業の状況次第で需要が変動するし、顧客企業の信用リスクも従来以上に関係してくる。そうなると、リスクをどれくらいとるのか、リスクを最小化する手段、例えば、リスクテイクを共にしてくれる他のプレーヤーを巻き込むべきか、というような議論も必要になる。

これらは、事業そのものに内在するリスクであるが、それ以外に、この事業を始めることによる、既存事業、本業へもたらすリスクがあるのかという観点も重要である。最初に想起されるのは、カニバリゼーションである。この部分は、慎重になりすぎると新しい事業を始められないので、ある程度受け入れるというスタンスから検討することが必要だが、どうマネジメントしながら全体最適を目指すのかという議論は重要である。

それ以外にも、全く違った事業である場合、ブランディングへの影響や、企業全体のカルチャーへの影響などへの目配りも重要である。特に、きわめて性質が異なる事業を始めて、従来の社員とは異なるタイプの社員を多く抱える場合は、カルチャーギャップは避けがたく、どうマネジメントしていくのかなどの議論が必要になる。

いずれにしろ、新しいことを始めてリスクがないということはあり得ない。大切なことは、どのようなリスクがあるのかをしっかりと洗い出し、対応策を考案し、リスクを許容できる状態になっているかを確認、議論することである。

⑦推進体制：当面、どのような体制で事業に取り組んでいくのか

新規事業を進めていく上で、中長期的に、どのような人的リソースが必要になるかは、「⑤必要資源、リソース」で示しており、この項目では、着工ステージ直後から新規事業探索を進めていく「当面の人的体制図、組織図」を示すことになる。（1）推進のコアチームが体制の柱であるが、（2）そのコアチームを支えていく陣容も視野に入れた体制を明確にしていく。

（1）推進のコアチーム

推進のコアチームに関しては、シンプルに言えば、誰がこの事業をやるのかという固有名詞が結論になるが、その結論に向けて、初期のチームサイズ、人員構成、人員に求められる資質あたりが答えるべきポイントになる。チームサイズに関しては、基本は、少人数で始めて、必要に応じて拡大していくのが一般的である。最初の段階では、チームの一体性、コミュニケーションスピード、意思決定の速さが重要になるので、少人数で小回りが利く方がよい。また、着工ステージ以降は具体事業に専念して事業の立ち上げを図る段階

になるので、兼務では難しく、原則専任と想定すべきだ。

人員構成に関しては、新規事業の川上の企画段階を担当していた人員が、そのまま事業推進チームに入って、中心的な役割を果たしていく場合もあるが、着工ステージより先は、新しい人間がリーダーや中核メンバーとして参画してくる場合も多い。ここからは、具体案件事業化の詳細検討、実行に移っていくので、川上の企画段階での検討とは異なった資質が求められ、新しい人員にバトンを渡していくタイミングでもあるからだ。

川上から関わっていた人員が、個別事業にそのまま入らない場合は、ここで完全に新規事業から離れる場合もあるが、個別の事業検討から少し距離を置きつつも、これから推進していく複数の新規事業の進捗を俯瞰しながら見守ったり、サポートしたりしていく、ＰＭＯ（プロジェクトマネジメントオフィス）のような部隊に移って、間接的に事業を支えていくケースも多い。

推進チームで求められる資質としては、ビジネスセンス、顧客指向、ポジティブマインドセット、粘り強さに加えて、当該事業に活かせる知見や類似経験などが重要とされるが、これらに加えて、万一この事業で失敗しても立ち上がれる資質、ある種の打たれ強さの重要性を指摘しておきたい。新規事業は成功しない確率も高い難事業なので、失敗によってつぶれてしまう人間を配置するのは危険である。失敗しても再起できる人間なら、極論すれば、失敗が糧になって、ビジネスパーソンとして成長する機会になるし、現実に、そのように育ったリーダーも少なくない。

(2) 推進コアチームを支えていく陣容

推進コアチームを支えていく陣容については、まず、複数の新規事業推進チームをサポートするＰＭＯを設置し、推進体制図にもサポート部隊として入れこんでおくのがよい。こちらは、新規事業成功の要諦の一つでもあるので、ＰＡＲＴⅢ「１」章で詳述する。また、スタートアップと異なり、新規事業ではレバレッジできる既存の部門とどううまく連携していけるかも重要であるため、関連部門も広義の体制の一員として考えるべきだ。

しかしながら、他部門のメンバーは本業を抱えているので、新規事業をサポートするという位置付けになる。そのような形だと、当然のことながら、手伝うタスクよりも、本業の方が優先されるため、サポートに関して何らかの動機付けをしておかないと、うまく動かない。したがって、推進体制の設計においては、単に組織図的なところに名前を入れるだけではなく、マネジメントから新規事業探索サポートを当該部門にミッションとしてしっかり落とし込む、キーになる人員に兼務発令をしておくなど、ソフトな仕組みも構築しておくべきだ。

新規事業の推進チームは、純粋なビジネス推進面に加えて、社内のステークホルダーとの摩擦や対立の調整などのソフトな課題も含めて、想定外の様々な試練や悩みに直面する。それらを乗り越えていくために、陰から推進チームをサポートするゴッドファーザー／ゴッドマザー役を置き、体制図に記載しておくことも効果的である。ゴッドファーザー／ゴッドマザーは相応のポジションと影響力を持ったマネジメントメンバーが候補になる。実際、企業での新規事業の成功事例においては、「ゴッドファーザー／ゴッドマザー＋指揮官としてのリーダー＋暴れ回るプレーヤー」という組み合わせをよく見る。こちらも、新規事業成功の要諦の一つなので、ＰＡＲＴⅢ「１」章で詳述したい。

さらに、推進体制というと自社内に目がいきがちだが、ここまで議論してきたように、他社の巻き込みやアライアンスによる戦力の獲得もきわめて重要になる。初期の推進体制検討の段階では、まだ確定的な相手を決めることはできないが、広義の推進チームの一員として、候補となりうる外部プレーヤーの存在は、体制図に記載しておくと説得力が増す。

⑧事業展開ロードマップ：中長期的にどのような事業展開をしていくのか。どのようなマイルストーンを想定しているのか

新規事業は、既存事業と異なり、将来像は描きにくいし、想定したとおりに進まないものであるが、どのようなスケジュール、時間軸で事業を立ち上げていくかを、出発点において、ロードマップ化しておく必要がある。

その際、全体プロセスをいくつかのステップに区切って、その節目ごとにどのような状態に到達すべきかという目標を明示しておくことが大切だ。段階を追って事業を立ち上げようとしていることがわかり、成功するイメージが想像しやすいし、事業の進捗を判断する大事なタイミングも明確になる。プランどおりに目標をクリアしていけば、事業は順調と判断して、継続を承認していくことになる。

一方で、目標に到達しないときには、テコ入れ案を議論することになる。新規事業は先を読み切れないので、実際は、こちらの方が出現頻度が高いと考えるべきだ。テコ入れの議論においては、どんな前提や見通しが当初プランと異なっていたのか、今の課題は何か、を振り返りながら、対応案をマネジメントと議論していくことになる。

進捗が思わしくない場合でも、対応策に説得力があれば、マネジメントは必要なサポー

トをするだろうし、逆に甘いものであれば、再検討、場合によっては、撤退の議論になるかもしれない。

いずれにしろ、着工の議論の時点で事業展開のビッグピクチャーがなければ、その段取りでいこうという判断ができないので、暫定的な要素は含むとしても、できる限りしっかりしたロードマップを準備しておきたい。

⑨当面のアクションプラン：着工ＯＫの結論が出た後数カ月、どのようなアクションをしていくのか

着工ステージでＧＯとなると、次の「ローンチ準備ステージ」では、「（1）この事業を本格的に事業展開してよいかについての最終検証」と、「（2）本格展開に備えての準備」という2つのタスクの塊に取り組んでいくことになるが、やるべきことは多く、段取りも重要になってくる。そのため、やるべきタスクを事前にできる限り洗い出しつつ、順番／時間軸を強く意識して、当面数カ月のアクションプランを策定する必要がある。

そのアクションプランでは、それぞれのタスク別に、誰がいつまでにやるのかを明示しつつ、それぞれのアクションの関連性、順番がわかるようにすべきだ。しっかりとしたアクションプランがあれば、それを土台に、その後のプロジェクトマネジメントを円滑にし

ていける。逆にそこが曖昧だと、やるべきことが多い中で混乱が生じることが多く、しっかりと対応しておきたい。

事業プランを策定する意味

ここまで事業プランに必要な構成要素について、答えるべきこと、定石、留意ポイントなどを俯瞰してきた。必要な情報や計画をそろえて、事業プランにまとめ上げていくのは大変ではあるが、必要なものが欠けてしまうと、GOの意思決定ができないばかりか、手薄な部分にマネジメントの質問が集中し、あるべき議論に時間を割けなくなってしまうので、しっかりした事業プランが必要だ。

また、事業プランをつくる過程では、考えが十分でないところが明確になってくるので、対応策を考えるなど、事業の中身を進化させることもできる。したがって、事業プランの策定作業は、単に社内的な意思決定に必要な書類を作るという面倒な社内手続きととらえるのではなく、事業家として、事業アイデアを進化させていく機会ととらえて、ポジティブに対応すべきである。

そのような過程を経て、しっかりとした事業プランを準備できると、候補事業のGO／

ＮＯ ＧＯの判断ができる状態になり、着工ステージの最終フェーズである「意思決定」に進むことになる。

一方で、このフェーズにおいて、事業アイデアを多面的に検討、詳細化する中で、この事業には避けがたい難しさや課題が残るという状況に直面することもある。ぎりぎりまで考えても、そのような状況を打破できない場合は、残念ながら、その事業アイデアはこのフェーズで一旦終了ということになる。ただし、前段のショートリスト化フェーズを超えて来た事業アイデアであるので、箸にも棒にもかからないというものではないはずだ。状況によっては、あるいは検討主体によっては、今一度候補になりうる可能性もある。そのため、検討の結果、どのあたりに課題があったのかを明確にし、記録を残しながら、候補から外すようにしておきたい。

懸命に検討してきた結果が、ここで終了というのは、残念なことではあるが、成功確率が低い事業候補の芽を摘むことは、全体最適の観点ではあるべき行為なので、やるべきことをやったと解釈すべきである。

5

フェーズ5：意思決定

前の「フェーズ4：事業化詳細検討」で、事業プランの内容は固められたので、このフェーズでは、次のステージである「ローンチ準備ステージ」に進めるかどうか、すなわち、事業を着工するかどうか、を決めることになる。俎上に載っている練りこまれた事業プランをベースに、ＧＯかＮＯ ＧＯの判断をすればよいので、やるべきことはシンプルだが、このフェーズでも巧拙があるので、留意事項を確認しておきたい。

意思決定するのは「着工するかどうか」

「着工する」という意思決定は重要であるが、決めてしまったら事業をやり続けなくてはいけないということではない。「着工する」というのは、新規事業が成就するまでの5つのステージの、最初の「着工ステージ」の結論であって、その後のプロセスは長く、それぞれの節目でステージゲートがあり、さらに進むのか、やめるのかを都度判断していく。

このフェーズで評価、判断するのは、俎上に載っている事業構想は着工するに足るものかどうか、ということである。したがって、検討チームに、絶対的な成功の確信や裏付けを求めてはいけないし、議論すべきなのは、着工してよいレベルに事業構想が達しているか、ということになる。

この最初の部分で、慎重になるあまり、石橋をたたきすぎる議論が展開されて、全く通過できないゲートになってしまうことも少なくない。そうなると新規事業の取り組みはうまくいかない、というより、始まらない。新規事業は未知の領域での挑戦になるので、事業が絶対にうまくいくかどうかについては、マネジメントも判断できないと考えるべきだ。成功を決める第一の要素は、顧客、市場であり、それに次いで重要なことは、新規事業チームのこれからの努力であって、マネジメントが成功を決められるわけではない。そのため、ここでは着工に足るレベルにあるかという限定的な判断をすることだということを忘れないようにしたい。

先送りせず、必ず結論を出す

次に留意したいことは、迅速に、しっかりと結論を出すことである。当たり前の話に聞こえるが、マネジメントとしても未知の領域に関しての意思決定なので、慎重にならざるを得ない。そうなると、結論を先送りしたり、必要以上に判断に時間をかけてしまったりする場合がある。しかしながら、やるべきことは、相応のレベルで準備された事業プランをベースに、合理的な議論をして、なるべく迅速に、明確な結論を出すことである。しかも、結論は、3つしかない。GO、NO GO、差し戻し、である。

GO、NO GOは明らかだが、差し戻しとは、意思決定に向けての重要情報が十分でない、あるいは検討が不十分な場合に、事業プランの練り直しを命じるものである。ただ、気をつけなくてはいけないのは、差し戻しの場合は、何が足りないのか、足りない部分がどうなっていたらGOになるのか、など宿題になるポイント、再挑戦のときの合格基準を明確にコミュニケーションすることである。そのコミュニケーションができないと、なんとなく確信が持てないから再検討、という先送り的な判断を恒常化してしまうことになる。

意思決定できるメンバーで議論する

では、そのような判断やそのための議論を、どのようなメンバー、会議体で行えばよいのか。大別すれば、経営会議もしくはそれに準ずる会議で議論するのか、新規事業のＧＯ、ＮＯ　ＧＯを判断するコミッティーで議論するのか、に分けられる。一つひとつの新規事業候補案件を経営会議レベルで慎重に議論していく企業も少なからずあるが、着工するかどうかの判断の段階であれば、コミッティー設置方式の方が実務的である。

一方で、新規事業は、まだ大きな投資を伴わない段階としても、全社的な重要案件であるので、コミッティーは、トップ、もしくは、それに準ずるマネジメントメンバーを座長としながら、必要に応じてＣＦＯ（最高財務責任者）やＣＳＯ（最高戦略責任者）を加えるなど、議論に貢献し得るシニアメンバーが加わる形で、しっかりと意思決定ができる会議体にする必要がある。

また、状況によっては、新規事業立ち上げ経験が豊富な社外メンバーを入れることもある。ただし、社外メンバーは純粋にその事業の勝算だけについて意見を言うオブザーバー参加にして、直接的な判断をする立場に置かない場合もある。

会議体の開催周期は、新規事業を集中的にやるべき時期であれば、頻度高く定例的なものとし、そうでなければ、事案の発生ごとに開催するのが一般的である。

評価の枠組みを決めておく

ここまで述べてきたようなことに留意しながら、GO or NO GOの判断をすればよいのであるが、具体的には、どう判断すればよいのだろうか。突き放して言うと、判断に必要な情報は事業プランに反映されているはずなので、それをベースに、総合的に判断して、GO or NO GOを決めればよいということになる。その総合的な判断を助けるためには、図表Ⅱ−5−1のような、シンプルな評価の枠組みを作っておくと効率的だ。枠組みは、プランの項目と関連しているので、近いものになるが、あくまで、この事業を着工してよいのかを、マネジメント目線で判断するために、やや組み替えると、考えをまとめやすい。

具体的な大項目としては、次の4つに分けられる。

図表II-5-1　評価の枠組み例と評価イメージ

評価項目	評価例				
❶目的への適合度 設定した新規事業の目的に合っているか	○	×	○	○	○
❷事業の成功ポテンシャル	○	○	○	×	○
・市場の魅力度は十分か	◎	○	○	○	○
・競争優位性があるか	○	○	○	×	○
❸リスク受容性 ・大きなリスクはないか	○	○	×	○	○
❹準備の度合い ・着工に向けての準備はできているか	○	○	○	○	×
取り組み方針	Go	No Go	No Go	No Go	差し戻し
	死角なく次のステップへ	目的に合わず見送り	単体事業としてはOKだがリスクをとれない	有力事業だが勝てない	体制など不明確、再審議

出所：ボストン コンサルティング グループ

①事業は当初設定した目的にかなっているものか（目的への適合度）

②事業は成功するポテンシャルがありそうか（事業の成功ポテンシャル）

③大きなリスクはないか、あったとしたらマネジメントできそうか（リスク受容性）

④着工するための準備ができているか（準備の度合い）

基本は①から④までが全部及第点になければ進められないが、簡単に判断できるものと、判断に迷うものが存在する。

例えば①目的への適合度と④準備の

度合いは、比較的はっきりと、合格かどうかを判断できる。①目的への適合度が不十分なら、他の項目がよくても、先に進めない。なぜならうまくいっても、社としてやるべきものではないからだ。④準備の度合いに問題がある場合は、再検討して中身がよくなる見込みがあるのであれば、差し戻して事業プランの水準を高める必要がある。

また、③リスク受容性も、悩ましい局面もあるものの、多くの場合は、ある程度明確な判断ができ、あまり意見が分かれないことが多い。

一番難しいのが、②事業の成功ポテンシャルの判断である。ここは、成功のポテンシャルを、市場の魅力度と競争優位性構築の可能性の２つのサブ項目に分解して、それぞれを評価し、事業の特性を踏まえて、サブ項目をウェート付けをしながら合算し、総合的に成功ポテンシャルを判断するのが、通常の思考プロセスになる。そのため、意見が違うときは、サブ項目それぞれへの見立てと、２つのウェート付けの、どこで、どう意見が異なっているかを明確にし、異なる部分に関してフォーカスした討議をすれば、建設的な議論を展開できる。

いずれにしろ、個々人がまずは自分の目で判断し、それをベースに議論をすることによって、コミッティーとしての判断を形成していける。

では、議論を尽くしても、意見が割れてしまって、コミッティーとしての判断が難しくなる場合はどうすべきか。

新規事業をめぐる意思決定においては、それなりに意見が割れることがあるし、全会一致で賛成というよりも、意見が割れた後の裁可によって通過した場合の方がうまくいくと言われることもある。意見が割れた場合は、最終的には、座長の判断で決するのがよい。検討、議論を尽くしても、未知で新しい領域に関しては、絶対的な確信を持つことはできないため、リスクを取れる立場の座長が、ＧＯにしろ、ＮＯ ＧＯにしろ、判断するのが落としどころであろう。

一方で、この段階では、着工の意思決定なので、次のステージで十分な確信を持てなければ、その時点でやめることができる。したがって、やるべきと思える要素が強ければ、やることの方が不作為のマイナスよりも好ましい。

本章で述べてきた主要な留意点を意識すれば、着工するか否かを適切に判断できるだろう。ここを通過すれば、いよいよ船出と言える。このステージをしっかりとこなした事業案であれば、成功確率は、もはや「センミツ」ではない。新規事業のプロセスにおける難所はどこかと問われることが多い。難所は数多くあるが、この着工ステージで足踏みしたり、後々の災いの種を育んでしまったりすることが多い状況を鑑みると、着工ステージは、最重要な難所の一つと言えるだろう。

PART Ⅲ

新規事業成功に向けての要諦を押さえる

ＰＡＲＴ Ⅰで基礎作業として、新規事業の全体像を確認し、ＰＡＲＴ Ⅱで「着工ステージ」でやるべきこと、定石などを見てきたので、「着工」についての留意点は、かなり明確になったと思う。

ＰＡＲＴ Ⅲでは、仕上げとして、「着工ステージ」から、今一度、新規事業全体プロセスに視点を戻して、新規事業で成功するための要諦を確認していく。まず、時代が変わっても普遍的に重要な要諦を確認し、次に、環境の変化、新しい潮流を起点に現れつつある新しい要諦と言うべき留意ポイントを鳥瞰していく。成功のための要諦を意識して取り組んでいけば、新規事業の成功確率を高めることにつながるだけでなく、着工ステージでのより適切なアクションにもつながり、一層「着工力を高める」ことになるだろう。

このＰＡＲＴ Ⅲは、よりマネジメントの方々を意識して留意点を列挙している面があるが、新規事業全般に関わるため、マネジメントの方々、事業企画・推進の実務をリードする方々、双方に目を通していただきたい。

1

成功に向けての18の要諦

新規事業の全体像を鳥瞰した後、最初の関門である「着工ステージ」の詳細を見てきたので、良い「着工」に向けて準備ができたと思うが、ここから、今一度、目を新規事業全体プロセスに戻して、新規事業の成功確率を上げるための要諦を見ていきたい。要諦を頭に入れながら、「着工ステージ」に臨めば、より良い「着工」につながるからだ。

要諦というと、数を絞って、この3つだけを押さえるべきと言いたいところだが、新規事業の難しさや個々の事業の違いなどを考えると絞り込むのは難しい。ここでは、4つのカテゴリーに分けつつも、やや多くなってしまうが、18の要諦を挙げたい。

心得についての要諦

心得①新規事業はトップの仕事と考え、常にマインドシェアの高さを示す
心得②新規事業に対して関係者で正しい理解、共通認識を持つ
心得③自社の力量を正しく理解する
心得④リソースを追加投入すべき局面では、大胆にリソース投入する

進め方についての要諦

進め方①ゴール、ストライクゾーン、制約を明確に示す
進め方②定石を頭に入れて、使いこなす
進め方③ユーザーにこだわり続ける
進め方④自力にこだわらず、足りないところは外部の活用で埋める
進め方⑤新規事業探索はポートフォリオ発想で臨み、やめるべきときはやめる

組織・体制についての要諦

組織・体制①新規事業推進チームを既存部門から分ける

組織・体制②新規事業推進チームを既存部門やコーポレート部門から守る
組織・体制③ゴッドファーザー／ゴッドマザーをつける
組織・体制④ＰＭＯ（プロジェクトマネジメントオフィス）を設置して、状況をモニタリングしつつ必要なサポートを検討する
組織・体制⑤大胆に権限、裁量権を与える
組織・体制⑥アジャイル運営を可能にするユニットにする

人材についての要諦

人材①新規事業チームは高めに評価をする
人材②ステージごとに最適なメンバーを投入する
人材③社内メンバーと社外リソース活用のバランスを意識する

この18の要諦については、今までの議論でも多少触れているところもあるが、カテゴリーごとに、一つひとつ中身を確認していきたい。

心得についての要諦

心得①新規事業はトップの仕事と考え、常にマインドシェアの高さを示す

新規事業は難しく、大量のリソース、エネルギー、時間を費やすが、成功するかどうかわからない。そのため、サラリーマン的な目線では、割に合わない仕事になってしまう。それでも、企業の持続的な成長のためには、やらなければならないし、高い目線から見ると、数々のメリットもある。となると、この一見厄介にも見える事業を追求することに号令をかけられるのは、最も高い目線から企業の将来を見据えつつ、リスクを取れる人間、すなわちトップ、あるいはそれに準ずるリーダー層くらいしかない。

したがって、新規事業を牽引することはトップの仕事であると強く自覚し、常にその姿勢を周りに示し続けることが、新規事業成功に向けての最重要要件の一つである。トップにそのような姿勢がなければ、そもそも下の人間はやり過ごしたくなるし、新規事業を成功させる要件もそろってこない。もちろん、実際には、日々の判断は、推進チームに任せるので、箸の上げ下ろしに関与するということではないが、節々で高いマインドシェアがあることを見せつけることが重要である。

当然、経営状況によって、経営者にとっては、最重要経営アジェンダは変化していくし、緊急案件も日々現れてくるが、新規事業の推進を常に重要アジェンダと位置付け、サポートし続けていく姿勢を見せられるかが、長期的に新規事業を成功させる鍵となる。

心得②新規事業に対して関係者で正しい理解、共通認識を持つ

既に何度も述べてきたことであるが、新規事業に関しての理解の度合いは、人によってバラツキがあり、誤解も多い。ＰＡＲＴ Ⅰで見たように、新規事業のタイプ、特性、難易度、陥り易い罠、目的などは様々であり、マネジメントの間で新規事業について正しい理解がないと、新規事業の成功確率を高める環境はつくれない。例えば、あるマネジメントメンバーが「新規事業は時間がかかるので桃栗三年柿八年だ」というスタンスを示しても、あるマネジメントメンバーが「なぜすぐに黒字にならないんだ」と叫んでいるような認識ギャップがある状態では、現場は混乱してしまうし、成功への道筋はつくれない。

マネジメントメンバーを中心に、新規事業に関わる関係者で、正しい理解と共通認識を持つことの重要性は、強調してもしすぎることがないポイントである。

心得③自社の力量を正しく理解する

努力の結果、関係者の間で新規事業の難しさを理解したとしても、自社の力、実力を正しく理解していなければ、適切な意思決定はできない。二つの勘違いが存在し得る。

一つは、自社の実力を過大に評価するケースである。たとえ、新規事業が難易度が高いと理解していても、「自社は力があるので、やり遂げられる」と誤解してしまうケースである。この場合は、本当は歯が立たない事業に邁進してしまったり、大きすぎる目標を課してしまったりする。あるいは他のプレーヤーとのアライアンスが必要にもかかわらず、独力でやろうとしてしまったり、アライアンスが必要と認識していても、強気な条件を提示して、うまい手組みができなくなったりすることがよくある。また、当初に設定したプランどおりに進まない場合も、「本当はできるはずなので、やり遂げるべき」と現場を叱咤するばかりになってしまうこともある。

特に、マネジメントと現場の認識が違っている場合は大変だ。現場は、自社の分を超えているのではないかと気づきながらも、マネジメントの自社の過大評価によって、やれるはずだという檄が飛ぶと、大変な苦労を強いられることになる。

もう一つのケースは、逆に、自社の力を過小評価してしまう場合である。この場合は、本当はチャレンジすればよい機会に、身の丈を超えているのではないかとチャレンジし損なったり、もっと高い目標を目指せるのに、そこそこのところで満足するプランを作成してしまったりする。あるいは、不必要なアライアンスを組んで成果を他社に渡してしまうこともある。

新規事業の難しさ、自社の力、両面に関して正しく理解することによって適切な判断ができるので、自社の実力の理解も大切である。

心得④リソースを追加投入すべき局面では、大胆にリソース投入する

ビジネスパーソンによく読まれる古典的著作として、『失敗の本質――日本軍の組織論的研究』（戸部良一・寺本義也・鎌田伸一・杉之尾孝生・村井友秀・野中郁次郎著）がある。太平洋戦争敗戦から種々の教訓を抽出したものであるが、教訓の一つとして、資源の逐次投入が挙げられている。本来は、大胆にリソース投入すべき勝負どころにおいて、リソースを十分に投入しないことによって、取り返しがつかないまでに戦況を悪化させてしまったという、日本的組織の傾向が指摘されている。

残念ながら、新規事業においても同様のことが起こることが多い。現場は与えられた体制、リソースで対応しなければならないという想い、あるいは、追加的リソース投入の要

請はマイナス評価になるかもしれないという恐れから、必要な援軍を求めずに頑張る傾向がある。また、マネジメントも、現場から援軍要請がない中で追加リソースの投入を提起することを躊躇するし、リソースは有限である状況下、今の体制でもう少し頑張ってほしいと思いがちである。結果、大胆にリソース投入をしなくてはいけない局面で、リソースの逐次投入が起こってしまう。

これを避けるためには、マネジメント、現場双方であるべき行動、決断をする必要がある。マネジメントは、戦況を正しく理解し、大胆なリソース投入の局面をタイムリーに知ること、それを察知した場合は、リソースの投入を提起し、投入を惜しまないこと、が求められる。また、現場も、責任感は一度横において、泣きついてでも追加リソースが必要かどうかを判断しつつ、必要なリソースを要求すべきである。

しかしながら、どちらのサイドも、種々の理由からあるべき行動がとれないかもしれない。そこで、ＰＭＯ（プロジェクトマネジメントオフィス）が、常に状況を正しく把握し、必要な仲立ちをしていくことが重要である。いずれにしろ、リソースの逐次投入は、既存事業以上に新規事業において頻発するものであることに留意して、回避していきたい。

進め方についての要諦

進め方①ゴール、ストライクゾーン、制約を明確に示す

これも、既に何度も強調してきたが、新規事業探求において、最も重要な要素の一つである。事業推進チームから、社長、マネジメントへよく上がる不満として以下のようなものがある。「ゴール、目指すもの、北極星が明確にないと、どこに、どう進むべきかわからない」「ストライクゾーンが不明確だと、ストライクになる玉を投げられない」「そんな大きなことはできない、そんなことは我が社がやることではない、というなら、最初に言ってほしかった」。新規事業に関する、ゴール、方向性、取り組みにあたっての制約などは、川上でしっかりと示し、迷いなく事業推進に努力できるようにする必要がある。

進め方②定石を頭に入れて、使いこなす

新規事業の成功への道筋には、節々に難所があるが、多くの企業の経験、試行錯誤から、様々な定石やティップスが存在する。もちろん、新規事業の種類、企業の個別事情などから、取り巻く状況は異なるため、定石どおりに対応すれば必ずうまくいくというものでは

ない。また、新規事業を進めていこうとすると、目まぐるしいスピードで物事が進むし、次々に新しい課題に直面するので、目の前の問題解決に気を取られてしまい、定石を意識できない、あるいはかまっていられないことも多い。しかしながら、過去の成功や失敗から抽出された定石が有効であるのは間違いないので、最大限使いこなしていくことが成功の確率を高める。

進め方③ユーザーにこだわり続ける

新規事業は既存事業以上にサプライヤー目線が強くなり、ユーザー目線が弱くなりがちである。既にユーザーがいるわけではないし、ユーザーのことも熟知していない半面、事業を創っていくという面に注意が向くため、どうしてもサプライヤーロジックが強くなるからだ。一方で、新規事業は、新たにユーザーを創っていくという面も強く、本来は、既存事業以上にユーザーのことを考え続けなければならない。この大きなギャップに警鐘を与える意味もあり、新規事業を成功させた事業者は、ユーザーへのこだわりが重要であることを強調することが多い。「何人の生の声を聞いたのか、利用シーンを見たのか、何度現場に行ったのか」などは繰り返される問いである。このあたりの徹底した厳しさが、サービス、製品を進化させ、新規事業の成功につながる要件になる。

進め方④自力にこだわらず、足りないところは外部の活用で埋める

自力を信じること、自負心を持つことは重要であるが、新規事業は程度の差はあれ未知の新領域への挑戦であるので、自力にこだわらず、柔軟に外部リソースを活用して、足りないところは補っていく姿勢が肝要だ。具体的な方法は、アライアンス、Ｍ＆Ａ、オープンイノベーション、外部人材の活用など多岐にわたる。しかしながら、マネジメントと現場の双方で、無意識に自力、内製主義へのこだわりがあるのが通常だ。そのため、新規領域で勝つためには、外部の活用がデフォルト（標準）で、運がよければ内製主義もあり得るというくらいに意識変革をすることも重要である。

進め方⑤新規事業探索はポートフォリオ発想で臨み、やめるべきときはやめる

新規事業では、想定外のことが起こるのは日常茶飯であり、予定どおりに進まないことが多い。しかし、常態化する遅延に慣れてしまい、遅延状況を追認する傾向が強まると、規律をなくした取り組みになる。そのため、当初定めたプランどおりに進んでいるかを、節目のところでしっかりと振り返るゲートキーピングがきわめて大切である。プランより遅れていてもしっかりとその理由を説明でき、取り返しがつくものであれば、ゲートを通

過させてよいだろう。しかしながら、判断の節目において、プランのレベルに至らず、また、考え抜いた対応策を講じても取り戻せる可能性が高くない場合は、それ以上進めていくかを精査する。結果、難しいとなれば、やめるべきである。

着工することがうまい組織は、逆説的ながら、見切りをつけ、やめるべきところはやめることがうまい。「やってみなはれ」をしっかりと言える組織は、「頑張ったが、ここまで！」としっかりと言える組織である。新規事業探索は、現場は限界まで努力すべきであるが、マネジメント視点からは、一発必中のスタンスではなく、ポートフォリオ発想で臨むものである。いくつかの成功を狙うべきで、負け試合に拘泥すべきではない。一方で、撤退する場合は、単にやめるのではなく、撤退に至った原因、理由を十分振り返り、教訓を抽出し、今後に活かすことが肝要である。「新規事業着工力が高い」組織は、「撤退力が高い」組織でもある。

組織・体制についての要諦

組織・体制①新規事業推進チームを既存部門から分ける

これは、新規事業成功に向けての肝中の肝と指摘する人も多い。既存事業部門は、現業の業績をベースに評価される。そのような中、実際に儲けが出るまでに相当長い時間がかかる新規事業に取り組むと、お金はもちろんのこと、優秀な人材やアセットを費やすことになり、短期的には業績にマイナスを及ぼす。また、事業によっては新規事業が既存事業とカニバリゼーションを起こすリスクもあり、これも業績的にはマイナス要素と考えられてしまう。

さらに究極的には、既存事業のトップにとっては、自分の任期を考えると、頑張って新規事業を始めても、成功したときには自分はそこにいないという現実もある。そんな中で自分が大きなリスクを取っても、成功して評価されるのは別の人かもしれない。将来の世代に美田を残すということに異を唱えないだろうが、短期的な収益責任を負っている既存事業の責任者の多くが、新規事業に最優先事項として取り組むと考えるのは楽観的すぎるところがある。基本は消極姿勢気味で臨むと考える方が現実的であろう。そう考えると、新規事業推進チームは、既存事業部門から切り離した環境、具体的にはトップやコーポレートに近い環境などでやるべきということになる。

組織・体制②新規事業推進チームを既存部門やコーポレート部門から守る

新規事業推進チームを既存部門と分けたとしても、既存事業部門は新規事業部門を無意識に、場合によっては意図的に妨害してしまうことがある。例えば、営業部門や社内のコストセンター的な部門のリソースを、既存事業部門と新規事業推進チームが取り合うような状況も起こり得る。その場合は、既存部門は、新規事業チームにリソースを仕向けることをよくは思わない。

また、新規事業が既存ビジネスにカニバリゼーションを起こすときはもちろんだが、何らかの影響を与えるリスクがありそうなときには、防御反応が働き、新規事業の勢いを削ごうとするかもしれない。あるいは、新規事業が既存事業のブランディングや企業イメージとギャップがある場合は、そのような事業はやらないでほしいと暗に思うかもしれない。

いずれの場合も、力のある既存事業が、力がなく小世帯である新規事業推進チームを押し退けるのは容易である。

また、新規事業推進チームは、コーポレート部門、管理部門に対して、新しいやり方、新しいリスクの取り方などを依頼してくる場合も多いが、それらの部門は、今までのやり方を大切にする、もしくは、それに固執する傾向がある。そのようなときには、コーポレート、管理部門は、新規事業チームの要求を突っぱねたり、協力しなかったりすることも多い。

このように新規事業チームが妨害を受けたり、十分なサポートを得られなかったりする状況を回避するためには、マネジメントが守っていく必要がある。そうでないと、基盤の弱い新規事業は、社内の壁を乗り越えることに労力をすり減らして、新規事業の勢いが削がれてしまう。

組織・体制③ゴッドファーザー／ゴッドマザーをつける

新規事業推進チームを既存部門、コーポレート部門から守ることの重要性を認識したとしても、それを貫徹し続けることは難しく、押し込まれてしまうこともよくある。また、新規事業チームは、それ以外にも、多くの想定しなかった問題に直面する。例えば、想定どおりの人員数では足りない、より多くの資金が必要になる、より大きなアライアンスを組まないといけなくなるといった、ちょっとした工夫では吸収できない課題と日々格闘することになる。

そのような大きな課題を、社長をはじめとしたマネジメントに都度相談し、その力を借りることは、理屈上は正しいが、かなり風通しがよい組織でないと難しく、推進チームが抱え込んだり悩んだりして、事業推進のスピードを落としてしまうことがよくある。

こうした状況を打開するために、新規事業推進においては、「ゴッドファーザー／ゴッドマザー」が必要になる（ゴッドパーソンという言葉は現時点ではあまり一般的ではないので、こう呼ぶことにする)。ゴッドファーザー／ゴッドマザーは、その事業の推進責任者というよりは、後見人というべき役割であり、オペレーションレベルで口を出すことはないが、事業の推進を大きなレベルで見守り、サポートする。そのような役割は、社内的に力を持った人物にしか担えない。社長であることもあるが、必ずしも社長である必要はなく、影響力を持ったマネジメントメンバーが担えばよい。

例えば、新規事業の成功例の筆頭格である、ソニーのプレステ事業においては、事業を創り出したのはプレステの父と言われる久夛良木健氏であるが、当時の大賀典雄社長がゴッドファーザー役として、事業を見守ってきたと言われている。同様に、新規事業の大成功例であるＮＴＴドコモのｉモードの事業責任者は榎啓一氏であるが、当時の大星公二社長がゴッドファーザー役を果たしていたと言われている。さらに、その榎氏は、ｉモード事業を成功させた後は、そこから派生して世にリリースされた様々な新規事業のゴッドファーザー役を担ったと言われている。

ゴッドファーザー／ゴッドマザーの具体的行動としては、幅は広いが、例えば、既存部門、コーポレート部門の協力姿勢が足りない場合には牽制もしくは協力依頼をしたり、やむをえないリソース不足の解決には、マネジメントやコーポレートへ口利きをしたり、ここぞというアライアンスにおいては交渉の場にも出向くなど、急所で一肌脱ぐイメージである。また、新規事業推進リーダーが日々の戦いの中で、やや気持ちが弱ってくるときもあり、その折に激励するのもゴッドファーザー／ゴッドマザーの役割の一つである。

このゴッドファーザー／ゴッドマザーのサポート度合いも、新規事業推進においては、直接、間接に非常に大きな効果があるので、重要性を強調しておきたい。

組織・体制④ＰＭＯを設置して、状況をモニタリングしつつ必要なサポートを検討する

通常、新規事業を進めていく局面では、一発必中として一つの新規事業を進めることは珍しく、また新規事業の成功確率からしても好ましくないので、複数の新規事業が同時に走ることになる。そうなると、企業としては、ポートフォリオとして新規事業群全体の進捗をモニタリングしていくことになるので、新規事業全体を見守るＰＭＯ（プロジェクトマネジメントオフィス）を置くことが重要である。

ＰＭＯは、個別の新規事業の状況およびその総体としての全体状況を把握するのはもちろんだが、進捗が順調でない新規事業に関しては、原因を把握しつつ、必要なサポート策も考えていく。また、新規事業チームだけでは手に負えない問題などが生じた場合にも、必要なサポートを講じていく。そのような事業のサポート役としての役割を果たしつつも、ゲートキーパーとしての役割も持ち、状況によっては、新規事業を進めていくのか、止めるべきなのかの建議も冷静にリードしていく。

このPMOがしっかりしていないと、全体のポートフォリオ状況を把握できないし、サポートすべき状況を見逃して、成功確率を下げてしまったり、ゲートキープが緩んで、規律のない事業推進が発生してしまったりするので、しっかり設置し、動かしていくことが重要である。

組織・体制⑤大胆に権限、裁量権を与える

新規事業の立ち上げにおいては、既存事業以上にスピード感をもって、次々に意思決定をしていく必要がある。スタートアップに近い経営感覚である。日々の状況から事業の実行プランを随時変更、進化させることはもちろんだが、必要な人材を外部から雇い入れたり、外部企業に業務委託したり、アライアンスを組んだり、外部とタイムリーに様々な契約をしていくことになる。

一方で、大きな作戦変更や、既存事業に関わること、今までのやり方と異なるところがある場合、慎重に進めようと考えると、都度、マネジメントや関連部署に了解や許可を求めることになる。そうなると、都度都度お伺いを立てることに時間とマインドを費やすことになり、やるべきことをスピーディーにできず、新規事業としての成功確率が下がって

しまう。そのため、新規事業においては、予算の執行、契約の履行を含めて、できる限り権限を下ろして、裁量権を持たせておくべきだ。

ただし、さすがに、予め与えた資源を使う範囲では何をやってもよいというわけにはいかず、これだけは守ってもらう、もしくは報告してもらう、という最低限の縛りを設定しておくことは必要である。その縛りの範囲であれば、裁量があるということになる。

このような進め方は、裁量権を渡す代わりに結果を出してもらうというアプローチになる。したがって、各ステージゲートにおいては、結果を厳しく見るということでもあり、甘くしているというよりも、本来的には厳しいマネジメントスタイルと言える。

組織・体制⑥アジャイル運営を可能にするユニットにする

新規事業推進チームは、小さいユニットからスタートするが、事業を推進する独立ビジネスユニットとして、できる限り一揃いの機能を持っているのがよい。特に、システムや商品を設計・開発する機能を担える人間は少なくてよいので、チームに存在すべきである。今後のサービス・製品の開発においては、従来のようなウォーターフォール的な開発、事業化ではなく、プロトタイプやβ版をクイックにつくることから始めて、試行錯誤しながら、アジャイル的に進化を繰り返していくような進め方が、ますます有効になる。そのため、システム、商品の設計、開発に関してのある程度の機能をチーム内に持つことなく、他の部門とやりとりを通して進めていくのでは、スピードが出ないし、うまく進化できない。兼務でもかまわないので、そのような人員は、推進チームに入れておく必要がある。

人材についての要諦

人材①新規事業チームは高めに評価をする

新規事業は最大限頑張っても、結果が出ないことが少なくない。そのため、事業を立ち上げた人間は高く評価してしかるべきだが、結果が出ないからと言って、評価を低くすることはやってはならない。そうなってしまうと、新規事業をやろうとする人間はいなくなるし、リスクを取るのはマイナスと広くとらえられてしまっては、会社のカルチャー全体にも影響する。新規事業に関しては、そのチームに入ったことが、ある意味で、堅い部署にいて無難にやるという機会から離れてリスクを取らせていることにもなる。よって、新規事業チームのメンバーには一ランク高い評価を与えるくらいのスタンスで臨むのが適切である。

人材②ステージごとに最適なメンバーを投入する

既に述べたように、新規事業には多くのステップ、フェーズがあり、それぞれ、性質も異なるので、異なる能力、経験が必要になる。例えば0から0・5に持っていく「着工ステージ」と、10から100へ事業を高めていく「成長加速ステージ」では、活躍する人間が必然的に異なる。極論すれば、トライアスロンの水泳とマラソンくらいに違う。そのため、ステージごとに、最適なメンバーを投入することが重要である。そうなると、ステージごとに、人を入れ替えることも視野に入れる必要がある。

実際は、マネジメント目線からは折角やってもらったのでという親心や、チームメンバー目線からはここまでやってきたんだという自負心や愛着心などがあるので、同じチームで走り続ける先発完投型人事をしてしまうことが少なくない。同じ人間が通しでやった方が、スイッチングコストもかからないので、良さそうにも見えるという面も、このような人事を正当化してしまいがちである。

しかしながら、マネジメントとしては、一旦情は横において、ステージごとの特性を冷静に考え、ステージごとにベストなチームで臨むことを第一に考えるべきである。そのような検討の結果、あるステージまで活躍してきて、ここから先はバトンを次の人に渡す方がよい人材も出るだろう。その場合は、当人にしっかりと考え方を説明し、貢献を評価し、力を活かせる新たな機会につけるべきである。新規事業で培った力は希少なので、しっかりと適材適所で力を発揮してもらうのが双方にとっての最適解である。

一方で、事業の精神やＤＮＡの伝承も重要なので、ステージが変わっても、引き続き頑張ってもらう人員もいるべきである。このあたりのバランスがチーム編成においては大切になる。

人材③社内メンバーと社外リソース活用のバランスを意識する

新規事業の推進においては、事業の成功と、社員の育成の２つを天秤にかけないといけない局面が存在する。冷徹に考えると、事業の成功が優先する。しかしながら、そのような考え方を貫徹していくと、極論として、事業を全面的に外部にゆだねればよい、スタートアップがやったものを買ってくればよいという結論になってしまうこともある。そうなると、学びのプロセスという面での新規事業の機会を活かせず、新規事業を担う人間を内製化できなくなるという懸念が発生する。

このように、事業の成功と社員の育成のバランスは、簡単な問題ではなく、両立が難しい場合もあると認識しておくことが重要である。迷う局面においては、都度、最初に設定した新規事業のゴールに立ち戻りつつ、最適解を探していく。一方で、自社の社員がやれるはずだと信じたい気持ちもあり、社内メンバーのみで頑張る、頑張るべきだと考えてしまうことも多いため、そのような傾向がないかを冷静にチェックすることも肝要だ。

どれが最も重要なのか

以上、要諦を振り返ってきた。人によっては、このうち、これとこれとこれが最重要という意見もあるだろうし、最重要なグループ、次点グループ、というように優先順位もつけたくなる。しかしながら、大切なことは、優先順位をつけることよりも、できる限り多くの要諦を充足すれば、成功確率が高まるということである。どれかをやると、どれかができなくなるというゼロサムな話ではないので、やれるだけやった方がよい。

一方で、企業ごとに、意識しなくても自然にできることもあれば、かなり意識しないとできない項目もあるだろう。自社の特性として、自然体だと弱まりがちなものを特定して、その部分については、強く意識して対応することが現実的には大事である。要諦の重要度の起伏はそのような考え方に基づいて考えるべきであろう。

2

環境変化、新潮流がもたらす新要諦

前章で見てきた、新規事業成功に向けての要諦は、成功確率を高めるための「基本」であり、激しく環境が変化する中でも、重要度は変わらず、しっかりと身につけておきたい。しかしながら、現在のように環境変化が激しく、新しい潮流も顕在化している中では、そのような「基本」に上乗せする形で追加的に頭に入れておきたい、新しい要諦と言うべき留意ポイントが現れてきている。

これらの新しい要諦は次の2つに分類できる。

①既に重要度は理解されているが、環境変化の中で、取り組みの程度を一層高めるべきポイント

- より仮説思考、アジャイル発想で事業を進める
- よりオープンかつ柔軟な形で、外部リソースをフル活用する
- デジタル、ＡＩをデフォルトとして組み込む

②環境変化の中で新しく出現してきたポイント

- 必ずしも本拠地でやらない
- 公的なリソースを最大限活用する
- メガトレンドをタイムリーにキャッチし、事業に入れ込む
- 「何を」作るか／売るか、だけでなく、「どう」作るか／売るか、により注意を払う

新しい時代においては、「基本」に加えて、「発展」と言うべき、追加的な要諦を押さえることによって、より良い「着工」を実現しつつ、成功確率を高めることができるので、主要なものを確認していきたい。

より仮説思考、アジャイル発想で事業を進める

新規事業は、企業にとっては、程度の差はあれ、未知の領域での取り組みである。ユーザーのニーズ、市場、競合の動きを読み切って、精度の高い計画を策定し、それに基づいて直線的に走っていくという、「しっかりと考えてから走る」というやり方は通用しない場合が多い。よく知らない領域においては、最初の時点で、精度の高い青写真、計画を描くことはできないからだ。したがって、常に、見立てや計画は不完全なものという前提で仮説をつくり、それを検証し、間違っていたものは直しながら進めていくという、「走りながら考える」スタンスで臨む必要がある。

このような仮説思考でのアプローチは、新規事業の基本として、昨今広く強調されてきた。しかしながら、変化するかもしれない仮説に基づいてアクションをとることよりも、しっかりとしたプランに基づいて動くことの方が、気持ちとしては楽なところもあり、多くの企業ができているかは疑わしい。

そのような状況下、昨今、世の中の変化はより速くなり、競争もより激しくなっている

ため、新規事業の探索においては、より先が読みにくく、より視界不良になっている。したがって、今、仮説思考ができているかどうかにかかわらず、従来以上に、自社は狙うビジネスに関して理解が不十分であると考え、謙虚に仮説思考でのアプローチを強めていくことが求められている。より短いサイクルで、仮説に基づいた事業を試し、仮説を検証、修正し、改善点を見つけ、事業を進化させていく。言い換えれば、常に事業をプロトタイプと考え、フィードバックサイクルを短くし、試しながら発展させていく姿勢が、より重要になってくる。

システム開発においては、少し前から、予め精緻な要件や開発計画を時間をかけて策定した後に、直線的に開発をしていく「ウォーターフォール型開発」から、大まかなプランから始めて、短いサイクルで、少しずつ輪郭を明確にしながら開発をしていく「アジャイル型開発」への発想の転換が強調されてきた。新規事業探索においても、ウォーターフォール的なメンタリティーやアプローチを弱めて、アジャイル的なメンタリティーを一層強めていくことが大事である。環境変化が激しく、先行きが不透明な環境下では、精緻な計画に基づいた実行から、試行錯誤を取り入れての事業探索に移行していくことが肝要である。

ただし、仮説思考において、やや誤解があるのは、全く知識、知見がない場合には、仮説をつくれないということだ。多少なりとも、基礎的な知識や知見のような足掛かりがあるからこそ、仮の見立てである仮説を構築できる。新規事業の最初期の段階、すなわち、事業の着工に至る前の段階において仮説を構築するためには、ある程度の調査や分析は必要になってくるし、定石を参考にしっかりとものを考えることが必要だ。仮説と思いつきとは異なるものであるし、発射台の高さが異なる。仮説も試行錯誤で高めていくとはいえ、高いところからスタートした方がよい。仮説思考というと、準備なく思いつきでもよいから見立てをつくろう、というふうに聞こえてしまうこともあるが、そのあたりは誤解がないようにしていきたい。

よりオープンかつ柔軟な形で、外部リソースをフル活用する

新規事業探索は、企業にとっては未知の新領域への参入になるので、外部のリソース、プレーヤーをうまく使うことの重要性は、前章の要諦のところでも強調した。従来よりも、競争は激しくなり、求められるスピードも上がる一方で、企業内のリソースも贅沢に使え

ないなどの制約も強まっている中、外部リソース、プレーヤーを使うことがより重要になっている。

最初に思いつく外部リソースの活用法は、必要な能力、経験を持った人材を雇うことである。一方で、よい人材を見つけ、口説いて、入社してもらって、企業に慣れ親しんで力を発揮してもらうことは容易ではない。最近は、多くの企業が新規事業立ち上げ実績のある人材を求めているため、適切な人材を招聘することの難易度は上がっている。また、能力、経験が飛び抜けているほど、企業に融合させていくことは困難な場合が多い。とはいえ、まずはチャレンジしていくべき方策であるのは間違いない。

そのような中、外部人材の雇用の応用形というような方策も増えつつある。増えているのは、かつて在籍していたが、社外に出て、新規事業関連の経験をした人材を再雇用するケースである。この場合は、カルチャーフィットの問題はなく、即戦力になりやすい。人によっては出身企業への愛着も強いので口説きやすい面もあり、検討すべき有効な方法だ。ただし、よく見られるチャレンジは、外での経験をプラスに評価して、相応のポジションを与えられるかである。理屈で言えば、そうすべきであるが、既存の人事制度との整合性や一部の心理的抵抗などから、踏み切れないで機会を逃してしまっている企業も少なくない。

また、別の応用形としては、他にもやりたいことがあり、１００％企業に帰属することに抵抗を感じている社外の人材に、契約ベースで、期間限定やコミット時間を調整する形で、新規事業に取り組んでもらうケースもある。具体的には、必ずしも１００％の時間を投入してもらうのではなく、50％とか30％とかの時間投入、マインド投入での参画をお願いするイメージである。新規事業には１２０％のマインド、時間投入が不可欠くらいに思えてしまうが、経験と実力がある一騎当千の人材の50％、30％の参画は、何人分もの貢献を期待できる。いずれにしろ、必要な人材は、無理してでも招聘して、力を発揮してもらうことが成功確率を上げることになるので、新しいやり方も含めて、チャレンジしていくことが重要だ。

人材を雇うという方法以外で広く用いられるリソース補強策は、アライアンスである。これは従来からも多用された方法であるが、最近のアライアンスは、必ずしも実績がある企業ばかりが対象ではなく、スタートアップとの手組み、協働が増えている。適切なスタートアップ企業と出会って、うまく協働の枠組みをつくるのは容易ではないが、スタートアップ企業は、そもそも新しいものをやろうという集団なので、うまく組めれば千人力である。

また、アライアンスの考え方も変えていくべき環境になっている。かつては、比較的広い範囲について、これぞという1社とアライアンスを組むというパターンが多かったが、最近は、新規事業に必要な、ある能力／領域はA社と、別の領域はB社と、というように、複数の相手を活用して事業を組み立てていくことが増えている。そのように役割を分割していくと、より専門性に秀でた企業と組めることになるので、全体コーディネーションがうまくできるならば、強力なチームを形成することができる。

外部リソースの概念をさらに進めると、究極的には、顧客、ユーザーを巻き込んで、参画、協働してもらうことも視野に入ってくる。実際、従来のサービスを提供する企業とそれを受容する顧客という固定的な関係にとらわれず、顧客を積極的に巻き込んで、事業アイデアを創出したり、サービスを進化させたり、サービス拡販に協力してもらうなどの例も増えつつある。ネット社会になり、サービス提供サイドと受容サイドの距離が近づいたことが、このような新しいタイプの協業関係を可能にしているので、一層柔軟な発想で、顧客を重要な外部リソースととらえていくことも必要になってくる。

人を雇う場合、企業と組む場合、顧客に参画してもらう場合のいずれも、従来とは異なる次元のオープンな姿勢で、また柔軟な思考で体制を組むというところが大切になってくる。オープンイノベーションという言葉が強調されることが多いが、オープンにしながら、有用なタレントを引き付け融合させていくことが、今後の新規事業の成功に向けて一層重要になっていくだろう。

デジタル、AIをデフォルトとして組み込む

これまでは、「今あるものをデジタル、ＩＴでどう強くするか」とか、「デジタル、ＡＩを使って新しいビジネスができないか」とか、デジタル、ＩＴ、ＡＩを特別な手段、飛び道具とみなしてどう利用するかという傾向が強かった。しかしながら、これからは、もはやデジタル、ＩＴ、ＡＩは、あらゆるものに実装され、溶け込むもの、極論するとコモディティ化（一般化）していくと考えた方がよい。過去に電気が存在感を変えていったことに近い。かつては電気を使って性能を高めた製品として、電気釜や電子レンジという言い

方をしていたが、多くのものが電気で動いていることが常識になってからは、電気テレビとか、電気クーラーなどとは言わない。

それと同じように、これからの新規事業には、デジタル、ＩＴ、ＡＩをわざわざ導入するというよりも、自然に使用されているということを前提とすべきである。うまくいったら、デジタル化する、ＡＩを入れるというのではなく、最初から、デジタル、ＡＩをフル活用するという考え方である。

わかりやすい例として顧客接点がある。かつては、店舗などのリアルな接点がないとＢ２Ｃのビジネスは成立させにくかったが、もはや、接点はデジタルをデフォルトとして、リアル接点はどうしても必要な場合につくるというくらいの発想に傾きつつある。携帯電話会社の店舗や銀行の支店が急速に減っているが、これからの消費者向けビジネスは、デジタル接点がメインで、リアル接点は必要最小限に抑えるという発想をしていく場合が多いだろう。

データの取り扱いに関しても同様で、事業が軌道に乗ったらデータを集め始め、データが集まり始めたら分析作業を始め、分析作業の高度化が必要になったらＡＩの導入を考えるというのが、一般的なアプローチだった。しかし、これからは、最初の段階から、集めるべきデータをしっかりと集めつつ、ＡＩを入れ込んで、各種の最適化を考えていくくらいの発想になっていくだろう。もちろん、ＡＩの本領発揮のためには、ある程度のデータ量が必要ではあるが、最初から、戦力としてのＡＩが動けることを見越した事業設計が重要になってくる。

このような状況になると、チームメンバーのデジタルリテラシーも、これまでとは違う水準で高めておく必要がある。といっても、デジタルの専門家を多く入れるということではなく、リーダーを含めて、デジタルの素養を高くしていくことが重要だ。もはや、デジタル、データ活用、ＡＩは、ビジネスの基礎科目になりつつあるので、専門家に任せるという態度ではなく、ＰＣを使いこなすくらいの意味合いになってくる。いち早く、そのようなスタンス感を持つことが重要だ。

必ずしも本拠地でやらない

従来は、新規事業は、本拠地、すなわち日本や自社の強い地域から始めることが多かった。そもそも新規事業チームがいる場所だし、自社リソースを有効に使えること、意思決定者との距離も近いことなど好条件がそろっているので、自然な選択肢であっただろう。しかしながら、新しく事業を始める、試す、という観点からは、残念ながら、必ずしも日本が適地とは限らない。各種の規制やしがらみの存在は、プラス面を上回るマイナスを及ぼす場合も少なくない。新しい事業を行うためのインフラも、事業によっては日本が見劣りする場合もある。裏返せば、海外の適地においては、余計な規制がなかったり、インフラも好条件のものがあったり、加えて、人的資源においても、コミュニケーションコストのマイナスを補えれば、専門知見を持った人材をより多く、好条件で見つけられる可能性もある。

このように考えていくと、ＰＡＲＴ Ｉ「１」章で見た新規事業タイプの③「多角化追求系」新規事業に分類される場合などにおいては、海外で事業にチャレンジし、その状況を踏まえて、日本で本格展開するというのも今後は有力な選択肢になる。数年前からその兆候はあった。

例えば、インターネットを駆使したビジネスを考える場合、日本よりも中国の方が規制に縛られすぎることなく、いろいろなトライアンドエラーができたし、技術者も調達できるような環境があった。ヘルスケア産業においても、Ｒ＆Ｄのみならず、新規ビジネスの検討でも、米国の自由度は日本と比して魅力的である。シンガポールも、政策的なサポートもあり、多くの優秀な人材を引き付けており、新規事業のクラスターのような様相も呈しつつある。また、今後、インフラビジネスなどでは、途上国の方が、実験の場を提供する姿勢が強く、新規ビジネスには魅力的になるかもしれない。

このところのコロナ禍や地政学的な緊張による国境の壁の高まりによって、このような傾向はやや退潮した感もあるが、これからは、デジタル、コミュニケーション技術の進化により、場所の縛りからより解放される面もあるし、場合によっては言語の壁も低くしうる面もある。

加えて、日本国内においても、今後は、地域ごとに特色を出していく中で種々の特区が設定されるなど、新規事業の領域によってはトライアンドエラーをやりやすい地域が出てくる可能性もある。○○バレーと言われるほどでなくても、そのような勢いがあるところの方が、事が進みやすいだろう。したがって、国内外を問わず、「新規事業探索の場＝本拠地」という発想に縛られすぎないようにした方がよい。そもそも、新規事業はフロンティアの探索だとすれば、本拠地から遠い方がよいという考え方もあるくらいである。

公的なリソースを最大限活用する

やや大きな話になるが、これから数十年は、資本主義の前提であったいくつかのものが大きく揺らいでいきそうである。CO_2他の温室効果ガスの排出制限や、生物多様性などの環境への配慮の強化は、大量生産大量消費という従来のパラダイムを大きく揺るがすだろう。地政学的リスクの高まりは、国境が低くなって地球がフラット化していくというグローバル一体化のパラダイムを一変させた。また、国が富めば皆が豊かになって社会が安定化するという前提も崩れつつあり、多くの国では、国が富んでも、富める者と富まざる者とのギャップが大きくなり、社会の安定を欠きつつある。このような状況では、今一度、社会課題の解決に向けて、政府や公的な機関のプレゼンス、リーダーシップが高まっていく可能性がある。

そうなると、社会の変革に向けて、補助金、奨励金などの経済面、種々のリソースの供給面などにおいて、公的なリソースを従来以上に企業が活用できる可能性が出てくる。当然、それらのリソースは既存事業においてＯ有効に活用すべきだが、新規事業においても有効に活用すべきである。公的なリソースへの依存体質を強めてしまうのは論外だが、何かを始めるときに、勢いをつけるための公的なサポートや権威付けなどは大いに活用すべきである。それによって新しいものを生み出すことができれば、自社はもちろん、社会にも大いにメリットがある。今までは、新規事業は独立自尊の精神で頑張るという健全な前提があったように思えるが、今後は、活用すべき公的なリソースにも目を光らせて、成功確率を上げていくべきであろう。

メガトレンドをタイムリーにキャッチし、事業に入れ込む

PART Ⅱ「フェーズ2」において、様々な環境変化や新潮流を注視してビジネスを発想するという定石に触れたが、広範囲に、強く影響を与える大きな潮流、いわゆるメガトレンドは、ビジネスの進め方や常識に変革を迫り、新規事業の取り組みに多面的に影響を与える。加えて、近年は出現頻度が増加しているので、その兆候への感度を上げておくことはより重要になっている。

メガトレンドの起爆剤で最もわかりやすい近年の例はインターネットである。インター

図表Ⅲ-2-1　ネットフリックスとブロックバスターの売上推移

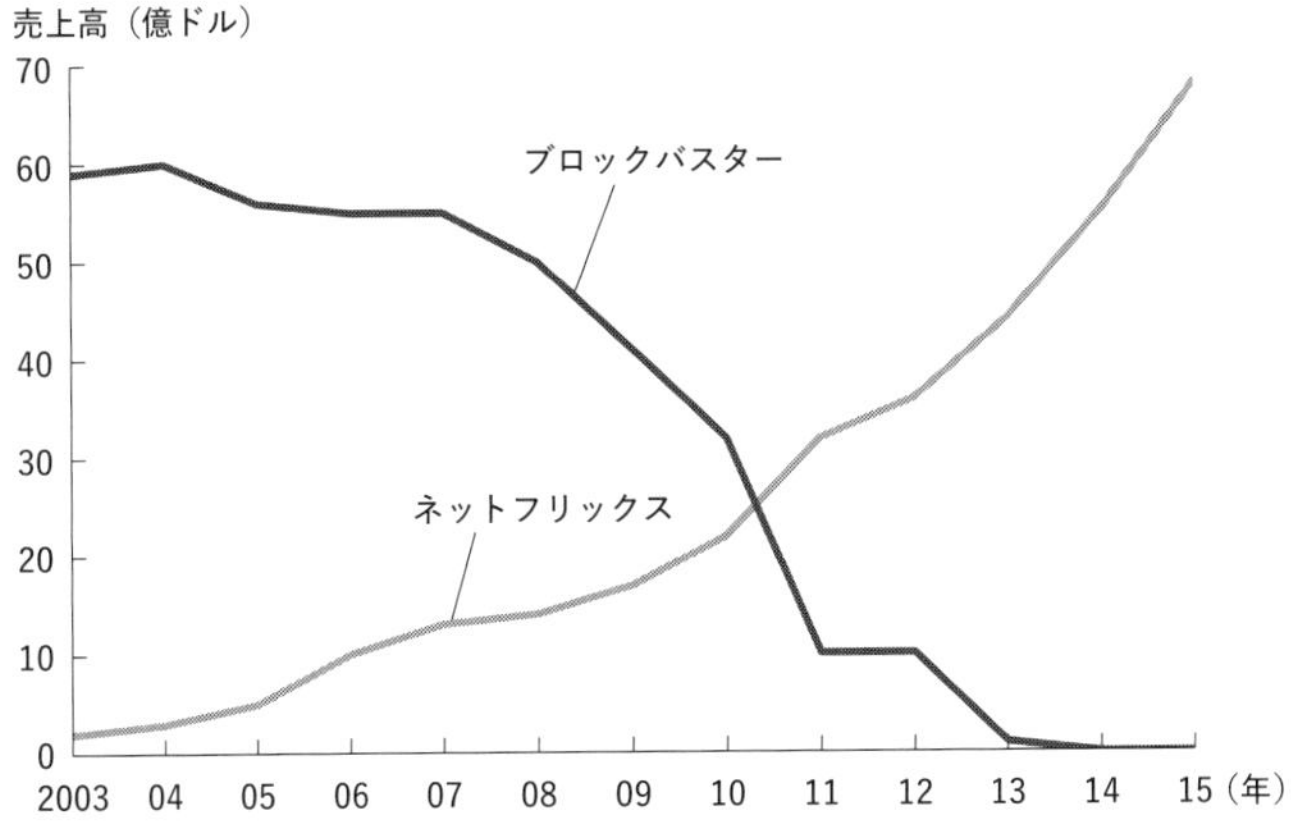

ネットが直接的に種々の新規事業の発想の原点になったのはもちろんだが、あらゆる既存、新規事業において、インターネットをうまく活用できるかどうかが成功の鍵になった。インターネットへの向き合い方の巧拙の例として、レンタルビデオ・DVD業界でのネットフリックスとブロックバスターがよく挙げられる。ネットフリックスは、インターネットを使いこなして、巨大メディアに成長したが、かつての最大手のブロックバスターは、方針を振り切れずに倒産した（図表Ⅲ-2-1）。

　このインターネットからの教訓は、メガトレンドの起点になるようなテクノロジーを初期段階で察知し、早めに、徹底的に取り込んでいくことが、事業の成否を左右するということだろう。

　このような大きな機会と脅威をつくるメガトレンドの起点となるイノベーションは、過去にも周期的に現れていた。古くは、産業革命の起点となった蒸気機関、その後の石油の発見、電力の利活用、自動車、ＴＶメディアの出現、ＰＣや携帯電話の普及などだ。

　しかしながら、注意すべきは、近年は、出現頻度が高くなっていること、出現してから影響を与えるまでのスピードが速まっていることである。出現頻度の観点から将来を見通すと、ウェブ３の時代に突入し、引き続きそのインパクトから目を離せないインターネットに加えて、ＡＩ領域も明らかにメガトレンドの起点となる。

　特に、チャットＧＰＴに代表される生成ＡＩのインパクトは計り知れず、インターネット以上だという見立てもある。その他にも、メタバースの出現、量子コンピューティングの実用化、宇宙ビジネスの勃興、ＥＶや自動運転の本格普及によるモビリティの大変革などは、メガトレンドの起点となる可能性がある。また、スピードについては、チャットＧＰＴが２カ月ほどで利用者１億人に達したことは、伝搬スピードの加速化傾向を示している。

　科学技術の進化スピードが速まり、コミュニケーションインフラの充実により世界が一体化するために、これからも、次々に、アップテンポで、大きなメガトレンドが出てくると想定されるため、従来以上にアンテナを立てておく必要がある。

一方で、メガトレンドは必ずしも新しいテクノロジーやその利用に由来するとは限らない。例えば、昨今の気候変動への懸念をトリガーにした脱炭素社会への移行は、今後数十年の経済活動に強く影響するメガトレンドである。この脱炭素社会化は、サーキュラーエコノミー化などの他の環境対応と相まって、従来の大量生産大量消費を前提とする資本主義の根本を問うものであり、きわめて影響力のあるメガトレンドである。

また、昨今の地政学リスクの高まりからの世界経済のブロック化や、先進国における社会階層間のコンフリクトの激化と民主主義の危機も、様々な脅威と機会をもたらすメガトレンドというべきものになる。加えて、非常に残念ながら、人類の活動範囲の拡大、気候変動による動物の生息領域の変化によって、今回のコロナ禍のような感染症が今後周期的にやってくる可能性があるということも、新しいメガトレンドをつくり出すかもしれない。

このような状況ではあるが、メガトレンドを認知し、それに対応するスピードは、企業、組織、個々人によってかなり差がある。ある企業が「これは大変なことが起きている」と早めにキャッチして備えている傍らで、その重要性をしっかり理解していない企業も存在する。インパクトの大きいメガトレンドの兆候に常にアンテナを張って、自身の新規事業の可能性を探索していくことや、メガトレンドの威力を新規事業に早く深く織り込んでいくことが、従来以上に重要になっていく。そうなってくると、潮流の変化に敏感な若い世代の声に耳を傾ける姿勢の強弱も、企業の成否を決める大きな因子になっていく。

「何を」作るか／売るか、だけでなく、「どう」作るか／売るか、により注意を払う

従来は、どんな製品／サービスを作るか／売るか、に焦点を当てれば、ユーザーへの付加価値をある程度満たせていた。しかし、前項で挙げた脱炭素化の流れや、ＥＳＧ視点の高まりなどから消費者や企業、政府は、「何を」作っているか／売っているか、だけでなく、「どう」作っているか／売っているか、への関心を強めている。これにより、ＷＨＡＴからＨＯＷへと、競争原理の力点が移動しつつある。

こうした変化により、企業は、モノを作る場合、従来は品質や価格に注力すればよかっ

たが、今後はCO_2の排出量をどう最小化するか、その他の環境に関してどれくらい配慮しているか、どこの国で作るか、適切な労働力で作っているか、などのＨＯＷに関する領域に、より神経を使わざるを得ない。もちろん、今までも、有害な物質を垂れ流す、品質検査基準を満たしていない、不当な労働条件を強いて作るなどの違法行為は論外だったし、企業のコンプライアンス意識の高まりの中で十二分に注意されてきた。しかし、社会、買い手のＨＯＷへの要求水準がより高まる状況では、それに追いついていないと消費者の選択肢から外されてしまうことになる。これは、制約が強まっていると消極的にとらえることもできるが、新規事業探索においては、差別化の要素が広がったと考えるべきであろう。実際に自社の優位性構築のために、ＨＯＷの要素を強めて勝負してきている企業も増えている。

　ＨＯＷへのこだわりで評価を得ている例でよく挙げられるのが、ＰＡＲＴⅡ「フェーズ2」でも触れたスニーカーメーカーのオールバーズである。オールバーズは、製造において、羊毛などの持続可能な素材を用いて、CO_2の排出量を最小化する工夫をすることはもちろん、その上で、製造過程から廃棄に至るまでに排出される温室効果ガスの量をすべてのアイテムで表示することに取り組んでいる。一般的なスニーカーがCO_2関連で12・5キロの温室効果ガスを排出しているのに対して、オールバーズ製品の平均は７・６キロとなっている。このような姿勢が、環境意識の高いカリフォルニアのユーザーの支持を受け、米国のみならず、日本、英国などに広く店舗展開している。

同様な流れのより極端な例は、ペプシコのBeyond the Bottleという商品提供コンセプトで、予め作った製品をペットボトルで提供するのではなく、ユーザーに自宅で炭酸水を作ってもらい、使い捨て容器を出さない形を提案している。こちらも、本格的なビジネス展開はこれからだが、ＨＯＷにこだわっていく姿を象徴している。

作る／売るに関して、ＷＨＡＴからＨＯＷへの重心の移動が始まっている。今後は、この流れを頭に入れて、新規事業を発想、展開していくことが、より重要になってくる。

以上、より適切な「着工」の実現、成功確率向上に向けて、留意していきたい新しい要諦を見てきた。まずは、前章で見てきた「基本」となる要諦を押さえることが大事だが、今後は、新しい要諦も重要度を増していくため、着工段階から頭に入れて、「着工力」を高める糧にしていきたい。

あとがき

より多く、より適切に、新規事業をスタートしていただきたいという想いから、新規事業のトピックの中でも、「新規事業着工力を引き上げる」というテーマに焦点を絞って、話を進めてきました。

最近経験した二つの会話が、本書を書こうと思ったきっかけになりました。

一つは、長く会社の舵取りをされ、一線を退かれることになった経営トップの方から、以下のようなお話を伺ったことです。

「冷戦終結からのここ30年間、日本のＧＤＰの成長は、いろいろな理由はあるが、他の先進国に比べると、見劣りする。この30年は、自分がビジネスパーソンとして中堅管理職から経営を担ってきた期間と重なる。自分なりに頑張ってきたつもりだが、その期間に日本経済の成長が他国に比べて見劣りしてきたとなると、自分や自分たちの世代はしっかりとやれてきたのかと、責任を感じてしまう」

この方は、非常に優れたビジネスパーソンで、経営者として、確かな結果を出してこられており、当然、日本の低成長に対しての責任はありません。一方で、この30年間の各国の成長度合いを、１９９０年のＧＤＰを１００として２０２１年のＧＤＰと比べてみると（世銀データ）、中国の１５３８、米国の２０９は別としても、イギリス１６８、フランス１５５、ドイツ１５２に対して、日本は１２６となっており、日本のパフォーマンスが大きく見劣りしているのは事実です。いわゆる「失われた30年」の責任が誰にあるのかは、簡単に言い切れないところがありますが、世間から尊敬されている経営者の方が、このようなことを吐露されるのを聞くと、私も微力とはいえ、ベストを尽くしてやるべきことをやってきたかと考えてしまいました。

もう一つは、かなりの事を成し遂げられ、今も若い方々とコンタクトが多い仕事を負っておられる、高名なシニアの方が、以下のようなことをおっしゃっていたことです。

「若い人を、どうのこうの、と言う人もいるが、最近の若い人は、自分たちの世代よりも、ずっと筋が通っているというか、しっかりしている人が多い。野球の大谷翔平選手や佐々木朗希選手は、実力も人格もすばらしい。もちろん、彼らは卓越しているとしても、彼らが突然変異や例外と考えるよりも、若い世代の全体の傾向を示しているように感じる。理由はわからないが、先行きが不透明な時代であるが故に、自分たちの世代よりも、自ら考え、自らの足で歩もうとしている気がする。日本の将来を悲観する人も少なくないが、若い世代を見ると、日本の未来は明るいと思う」

誰も怠けてはいないし、皆頑張っているものの、日本の未来に閉塞感を感じたり、海外に比して勢いが弱まっている、と気持ちが弱くなったりすることがあると思います。一方で、若い人のポテンシャルは信じるに値しますし、何より、新しい時代を見据えるアンテナがあります。カタールでのワールドカップ、それに続くＷＢＣにおいて、若い力が世界の強豪に伍していく姿を見ると、多くの方が、今までとは異なる何かを感じたのではないでしょうか。

そうだとすれば、今の経営リーダー、中堅の皆さんが、未来を信じて、力を合わせ、成長の筋道をつくっていければ、ポテンシャルのある若い世代がそのバトンを継いで、次の明るい時代をつくれるはずだと考えます。そのような展開の一つとして、日本企業が、よりうまく新規事業に「着工」して、成長のポテンシャルを開花していければと思います。スタートアップ企業にも大いに期待していますが、現存の企業だからこそできる新しい取り組みも、日本の未来の鍵になると思います。

よって、本書が少しでも、経営リーダーの皆さん、前線で頑張っている皆さんの参考になり、気持ちを高めることになって、新規事業の着工の加速、成功する新規事業の増加につながることになれば大変ありがたいと思い、執筆いたしました。「やってみなはれ」が連呼され、新規事業が着工されるカルチャーが強まり、それを若い世代が引き継いでいけば、日本の未来は明るくなると確信しています。

本書は、私に多くの「打席」を与えてくださった企業の皆様との経験、そこからの学びがベースになっております。非常に重要な事柄において、機会を与えてくださった方々、一緒に厳しい戦線で戦っていただいた方々には、感謝の言葉もありません。本当は実名をお出しして、感謝の気持ちを表したいところですが、守秘義務がある職務でもあるので、控えさせていただきます。また、そのような戦線において、常に一緒に汗をかき、日々サポートをしてくれたＢＣＧの諸先輩、仲間にも、心から感謝しております。難所が続く新規事業においては、心が折れそうになることも多々ありましたが、伴走してくれる仲間がいたからこそ、乗り切れました。

末筆になりますが、本書の執筆にあたり、様々なアドバイスをいただいた東洋経済新報社出版局編集委員の水野一誠さん、同　藤安美奈子さんに心より御礼を申し上げたいと思います。いつも手厚いサポートをしてくれるＢＣＧマーケティングチームの満喜とも子さん、秘書の久末くるみさんにも御礼を申し上げます。

ボストン コンサルティング グループ
日本共同代表
内田　有希昌

【著者紹介】
内田有希昌（うちだ　ゆきまさ）
ボストン コンサルティング グループ 日本共同代表
株式会社三和銀行（現 三菱UFJフィナンシャル・グループ）を経て1998年にBCGに入社。金融、通信、ハイテク、消費財、運輸などの業界の企業に対して全社戦略、事業戦略、新規事業構築、事業再生、アライアンスなどに関わる支援を行っている。
カーネギーメロン大学経営学修士（MBA）。東京大学文学部卒業。

新規事業着工力を高める

2023年9月5日発行

著　者――内田有希昌
発行者――田北浩章
発行所――東洋経済新報社
〒103-8345　東京都中央区日本橋本石町1-2-1
電話＝東洋経済コールセンター 03(6386)1040
https://toyokeizai.net/

カバーデザイン…………竹内雄二
本文デザイン・DTP……アイランドコレクション
印　刷………………港北メディアサービス
製　本………………積信堂
編集担当……………藤安美奈子

ISBN 978-4-492-55827-0